GEO

VOYAGES SUR LES ROUTES DE FRANCE

De la route Napoléon au chemin de Compostelle

Sous la direction d'Eve Sivadjian

SOLAR EDITIONS

SOMMAIRE

« Pourquoi construire des autoroutes, disait-on vers le milieu du XXe siècle, puisque nous avons le plus beau réseau routier du monde ? » Et c'était vrai. Ça l'est encore. Cet extraordinaire maillage, cette « toile » dont Paris est l'araignée et qui dessert jusqu'au moindre village, qui mène vers le plus petit hameau, aucune autre nation ne le possède. Quant aux paysages traversés, les quelque soixante millions d'étrangers qui, chaque année, font de la France le pays le plus touristique de la planète, parlent pour eux. Et ce sont eux, ces paysages, avec leurs coteaux semés de villes d'art, de châteaux, leurs grandes forêts, leurs vallées spectaculaires, qui captent l'attention. Les routes ? On les emprunte sans même y penser. On ignore la plupart du temps jusqu'au sens de leur nom…

« Route » vient du latin *via rupta*, « voie brisée ». Brisée par les localités qu'elle traverse. Les dictionnaires sont formels : « La route est un chemin terrestre qui mène d'un point à un autre. » Quoi de plus banal ? Seuls comptent les points de départ et d'arrivée. Et pourtant, ce sont les routes qui portent le mouvement, les hommes, les marchandises, les idées, la vie. Savoir les lire est un émerveillement. Ainsi, le sait-on, ces longs rubans d'asphalte balisés de traits blancs qui, au XXIe siècle, nous mènent où nous voulons aller ont pour la plupart été tracés il y a deux mille ans. Certains de ces tracés datent même de la préhistoire, car les hommes d'alors, comme ceux d'aujourd'hui, trouvaient plus simple de longer les rivières, de marcher dans les plaines et de passer par les cols plutôt que de voltiger dans des endroits plus difficiles d'accès.

Sait-on qu'en matière de route on offre généralement à César ce qui ne lui appartient pas ? Ce n'est pas lui qui a tracé les chemins de Gaule, mais les Gaulois. Lui, n'a fait que les emprunter. Et fallait-il qu'elles soient belles et bien entretenues pour lui permettre de mener ses armées du sud au nord à la vitesse vertigineuse de plus de 35 kilomètres par jour, avec des pointes au-delà ! Si l'on parle aujourd'hui de « voies romaines », dont plus de 1 200 kilomètres ont été, à ce jour, dégagés, c'est que d'autres Romains, après lui, les ont pavées. Mais de Lutèce, village des Parisis, à Lugdunum, devenue Lyon, alors capitale des Gaules, les nationales 6 et 7 étaient déjà tracées, avec un immense réseau de ramifications sur lequel, ensuite, défila à pied, à cheval et en voiture tout le Moyen Âge : abbés, armées, rois et chevaliers, vagabonds, pèlerins, aventuriers, voleurs et marchands, surnommés « pieds poudreux » tant ils cheminaient.

Les villes grandissaient, se multipliaient. Il fallait les relier, et relier entre eux aussi les fleuves et les rivières pour l'acheminement des denrées pondéreuses. Faciliter ces communications était, pour l'Église, faire acte de piété, aussi participer à la création d'une route ou à son entretien valait pardons, absolutions et indulgences. En nommant Sully « Grand Voyer de France » en 1599, avec un budget de fonctionnement de 6 000 livres tournois, Henri IV inventa — avant la lettre — l'administration des Ponts et Chaussées. Il devint alors obligatoire de planter des ormes de chaque côté de la chaussée afin d'avoir toujours, au passage de l'armée, du bois pour l'affût des canons, une décision stratégique qui, quatre cents ans plus tard, nous vaut encore ces magnifiques nationales ombragées sur des dizaines de kilomètres. Colbert compléta ces routes à visées stratégiques par son dessein économique. Entre-temps, Paris était devenu capitale du royaume, l'araignée au cœur de la toile, vers laquelle convergent tous les fils.

Il y eut, jusqu'à la Révolution, des corvées de route imposées aux riverains âgés de seize à soixante ans. Et lorsqu'au XXe siècle la France s'équipa en réseau électrique, EDF planta ses poteaux le long des voies antiques — tombées dans le domaine public depuis les Romains — afin d'éviter les tracasseries et les coûts qu'auraient, sans cela, généré d'indispensables expropriations...

Dans ce somptueux réseau des chemins de France, dont l'épopée vient à peine d'être « butinée », quatorze routes ont été choisies pour faire l'objet de ce livre. Parce que chacune est un roman. Un roman vrai. Une fabuleuse histoire d'aventures aux rebondissements passionnants et passionnés, inscrits tout au long de son parcours, comme autant de chapitres, dans ses étapes, dans les somptueux paysages traversés jalonnés de hauts faits, de drames, de mystères et d'anecdotes. Routes tracées ou suivies par des personnages célèbres, attachants ou terribles. Routes divines, de saints, de pèlerins, de guerriers de Dieu. Routes de princes et de rois. Routes de marchands et de denrées précieuses. Routes d'exodes enfin, chemins abominables des forçats vers leur bagne ou mythique nationale 7 des vacances vers la Côte d'Azur. Les routes de France racontent la vie. Tout simplement. Mais quelle vie ! Bien plus surprenante, plus diverse que n'importe quelle fiction.

Eve Sivadjian

Sur la route des cathares Texte et légendes d'Eve Sivadjian
Sur la route de Jeanne d'Arc Texte et légendes d'Eve Sivadjian
Sur la route de Compostelle Texte de Gilles Dusouchet, légendes d'Eve Sivadjian

ROUTES **DIVINES**

SUR LA **ROUTE** DES
CATHARES

De l'étincelant rivage méditerranéen ourlé d'étangs, de plages et de salines qui s'incurve à perte de vue au pied des Corbières jusqu'aux sommets du pays de Foix, la route des cathares serpente dans les anciennes « marches d'Espagne », zone frontalière que les rois de France, au XIIIe siècle, arrachèrent aux seigneurs occitans avec leurs fiefs et leurs cités, puis disputèrent pendant quatre cents ans aux souverains d'Aragon.

① **Le château de Termes**
Après les prises de Béziers, de Carcassonne et de Minerve, le château de Termes, au-dessus des gorges du Sou, dans les Corbières, fut le premier château enlevé par Simon de Montfort pour la couronne de France en 1210, après trois mois de siège.

En tout, quelque 200 kilomètres de chemins pierreux, de départementales et de sentiers qui se faufilent à travers garrigues odorantes, pins et chênes verts, pics et pogs, gorges profondes et vallées tapissées de vignobles, de prairies et de forêts, s'enchaînant de la mer jusqu'aux montagnes d'Ariège. De loin en loin, les murailles déchiquetées d'anciens châteaux se dressent à contre-ciel, dominant ces lumineux paysages sauvages où tramontane et vent d'autan chassent l'ombre furtive des nuages. Leurs noms sont légendaires : Quéribus, Peyrepertuse, Puylaurens, Puivert, Montségur, Roquefixade… La route des cathares, en effet, relie ces nids d'aigle où, dès 1209, acculés par les armées des papes et des rois de France successifs, puis par les bûchers de l'Inquisition — créée exprès contre eux —, pour mieux résister, se réfugièrent ceux que l'Église de Rome appela par dérision les « purs », du grec *kataros,* dits aussi « albigeois ». Qui étaient-ils ? Ils se désignaient simplement eux-mêmes comme « bons chrétiens » et représentaient une large moitié des habitants de l'actuel Languedoc où, venue d'Orient, dit-on, la doctrine qu'ils avaient embrassée s'était, entre autres pays, répandue depuis le rivage méditerranéen jusque dans les terres. Bons chrétiens, à l'évidence, ils l'étaient. Les fidèles, grands et petits seigneurs avec dames et familles, commerçants de Toulouse, de Foix, de Carcassonne ou d'Uzès, et paysans des campagnes, se fréquentaient sans distinction de classe ni de sexe. Chacun vivait selon sa condition, mais tous suivaient les préceptes des apôtres au sein d'une Église dont les ministres — « parfaits » et « parfaites » — travaillaient de leurs mains et prêchaient l'Évangile. Ils n'étaient ni belliqueux ni fanatiques, mais avaient deux torts inacceptables aux yeux de Rome : pour eux, Dieu n'avait créé que le bien, l'esprit, tandis que le diable était l'auteur du mal, monde matériel, prison de l'âme ; et ils gagnaient les foules à leur foi dualiste au détriment de l'Église catholique. Pour la couronne de France, le seul problème était que ces riches régions où florissait la nouvelle religion ne lui appartenaient pas. Pour les envahir, il fallait un prétexte, que le pape fournit en condamnant les cathares. Si, contrairement à son acharné successeur Louis VIII, le sage

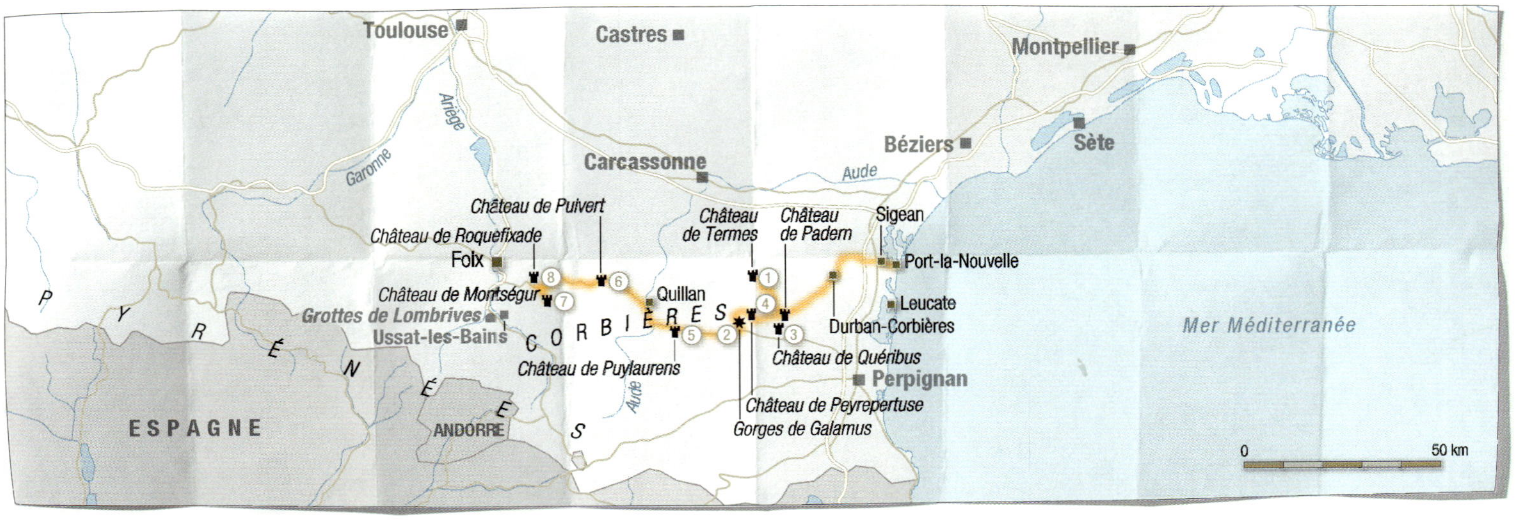

COMBATTANTS **DE L'ABSOLU** AU PAYS GRANDIOSE

Philippe Auguste refusa de lancer ses armées dans l'aventure, il finit par être contraint de laisser ses avides vassaux aller à la croisade, comme le voulait le pape. La première, celle dite « des albigeois », fut menée en 1209 par Simon de Montfort, brillant stratège, assez sauvage pour accepter que ses lieutenants, incapables (et pour cause) en entrant dans Albi de distinguer les cathares des catholiques, suivent l'ordre donné par le légat pontifical Arnaud Amaury : « Tuez-les tous, Dieu reconnaîtra les siens ! » Le massacre fit vingt mille morts. La croisade suivante dura un demi-siècle. Tombèrent les puissantes cités. Tombèrent les derniers châteaux. Ce n'est ni à Port-la-Nouvelle, d'où part symboliquement le chemin piétonnier mais qui, au XIIe siècle, n'était que roselières saumâtres, ni même à Leucate que l'on rencontrera trace des cathares. Mais, tournant le dos au rivage, à peine s'engage-t-on sur l'étroite route qui monte au plateau de Roquefort-des-Corbières parmi genêts, myrtes et lavandes que jaillit à l'imagination, dans les jeux de lumières, la silhouette ascétique, vêtue de noir et gamelle pendue à la ceinture, de quelque parfait cheminant vers le village. Durban, peut-être ? Tuchan ? Padern ? Plus loin, dans les solitudes sauvages, surgissent les châteaux: Peyrepertuse, Puivert, Montségur, Roquefixade… Sur les chemins gris et ocre qui, les reliant, forment cette route des cathares, toute fulgurance perçant les lointains brumeux s'interprète comme un trait de soleil sur l'argent d'un bouclier, et les rumeurs de la brise sur les rochers comme l'écho résiduel des batailles. Dans les broussailles alentour se découvrent encore des pointes de flèche et de carreau rouillées. Des boulets de 40 kilos gisent parmi les pierres moussues dans les bois autour de Montségur. Il fallut cinquante ans aux plus puissantes armées pour emporter ces places, et plus d'un siècle, deux papes, trois rois de France et d'abominables massacres pour avoir raison des cathares et des seigneurs occitans. Sous les forteresses reconstruites entre le XIVe et le XVIIe siècle aux confins du royaume de France, il ne reste rien de ces châteaux d'antan. Ou presque. Mais l'épopée magnifique de ces hommes et de ces femmes, nobles et gens du peuple épris d'absolu qui, pour leur liberté, choisirent de mourir dans la clameur des batailles ou sur les bûchers du lendemain, attire, au XXIe siècle, sur leurs sentiers éboulés et leurs marches taillées dans le roc vif des falaises, bien des voyageurs. Comme en pèlerinage.

② **Les gorges de Galamus** déchirent le plat désertique de Saint-Paul, dans le chaînon méridional des Corbières, à près de 1 000 mètres d'altitude, non loin du château de Peyrepertuse. La route, taillée à flanc de falaise au-dessus de la rivière Agly mène vers un modeste ermitage. À côté, une chapelle dédiée à saint Antoine a été creusée dans le roc. Limoux Nègre, un parfait, s'y était retiré pour se mettre à l'épreuve : jeûner pendant quarante jours comme le fit le Christ. Il fut brûlé vif le 10 septembre 1329 à Carcassonne.

Saint Dominique et les Albigeois, Pedro Berruguete, musée du Prado, Madrid. Le religieux voulut ramener les cathares à l'Église catholique par des discussions, dont l'une, à Fanjeaux dans l'Aude, est légendaire. Cathares et catholiques notèrent leurs arguments sur des parchemins. Soumis à l'ordalie par le feu, ceux des cathares auraient brûlé tandis que ceux du saint auraient jailli des flammes jusqu'au plafond de l'église.

③ **Le château de Quéribus,** qui se dresse face aux Pyrénées, domine à perte de vue la plaine du Roussillon et les Corbières jusqu'à la Méditerranée. Ce spectaculaire nid d'aigle planté sur la falaise à 728 mètres d'altitude, au-dessus de Molhet, fut construit au XIe siècle par les rois d'Aragon, suzerains d'alors, sympathisants des cathares. Cette forteresse, qui accueillit entre autres l'évêque cathare du Razès et le célèbre parfait Benoît de Termes en 1229, fut l'un des ultimes refuges du catharisme. Avec ses trois enceintes superposées, dont la dernière enferme le donjon, et l'étroit sentier suivi d'un escalier passant au travers de chicanes qui constitue son seul accès, Quéribus était réputé inexpugnable. En 1255, son seigneur, Chabert de Barbaira, stratège des rois d'Aragon et acquis à la cause cathare, l'échangea pourtant contre sa liberté à l'armée catholique de Louis IX.

④ **Le château de Perpeytuse** tient son nom de *Petra Pertusa*, « pierre percée », du fait des cavernes de sa falaise calcaire. Il appartient aux satellites de Carcassonne, ainsi que le clame fièrement ce texte ancien : « Il est de sçavoir que aux Marches, par de-ça sur la frontière d'Aragon, est la cité de Carcassonne qui est la mère et a cinq fils, c'est de sçavoir, Puilaurens, Aguilar, Queribus, Terme et Perapertusa. » Cette fantastique citadelle de 9 000 mètres carrés ceinte de 2,5 kilomètres de remparts, anciennement surnommée « petite Carcassonne céleste », s'élève, vertigineuse, à 797 mètres d'altitude au-dessus d'une immensité de vignobles. Au plus fort de la croisade contre les albigeois — autre nom des cathares —, y trouvèrent refuge cathares et « faidits », ces seigneurs occitans dépouillés de leurs biens par la couronne de France. Peyrepertuse finit par se rendre en 1240. Louis IX en fit l'une de ses plus puissantes places fortes frontalières.

⑤ **Le château de Puylaurens** se dresse sur une falaise calcaire rongée de buis et de chênes verts au-dessus du village du même nom. Ses premières fortifications furent élevées vers l'an 1000 par les comtes de Besalù, affiliés à la maison de Barcelone. Il fut ensuite inclus aux marches du royaume d'Aragon, puis tomba sous la coupe de la couronne de France, vers 1240, lors de la croisade contre les albigeois. Cette forteresse, dont les remparts crénelés accrochent les nuages, compta parmi les hauts lieux de l'« hérésie », puisque s'y retrouvaient parfaits et parfaites, « bons hommes » et « bonnes femmes », c'est-à-dire bons chrétiens. Certains y reçurent le *consolament*, seul sacrement cathare, avant de mourir et d'être inhumés en présence d'une très noble et nombreuse assemblée dans le cimetière dit hérétique du village, la terre bénie par l'Église catholique leur étant refusée.

LE TEMPS DES TROUBADOURS

Les troubadours apparaissent à la fin du XIe siècle au sein des sociétés raffinées d'Aquitaine et de Provence. *Trobador*, en langue d'oc, désigne celui qui trouve, qui invente, donc le poète. Nobles ou affiliés à la noblesse, les troubadours allaient de château en château, célébrant par de longs poèmes en occitan la chevalerie, la beauté des dames, les joies de la nature et les histoires de bel amour tragique. Ils psalmodiaient les strophes en monodies, chants à une voix, en s'accompagnant souvent d'un instrument. À cette époque de haute culture, qui dura jusqu'à la fin du XIIIe siècle, les seigneurs lorsqu'ils ne guerroyaient pas tenaient table ouverte, offrant festins, fêtes et joutes poétiques où ils rivalisaient avec leurs voisins et les troubadours de passage. C'était le temps des cours d'amour courtois, où l'on célébrait la *fin'amor*, l'amour sublimé des chevaliers pour la dame de leur choix. Chacun rendait à son élue, si elle acceptait, un hommage public, lui jurait amour éternel et portait à jamais ses couleurs pour accomplir en son nom prouesses et actes de bravoure. À cette époque de mariages de convenance destinés à fortifier alliances et inféodations, cette institution poétique d'amour désincarné doit beaucoup, sans doute, à la religion cathare, dont l'esprit imprégnait le Languedoc. Embrassé par une grande partie de la population, en particulier par la noblesse, le catharisme, religion de liberté et de tolérance, prônait la pureté des intentions et la simplicité de vie des premiers chrétiens, sans hiérarchie et sans distinction de sexe. Ce contexte pouvait en effet permettre de dissocier l'amour chanté par les troubadours de l'union conjugale. Innombrables furent en deux siècles les troubadours, et le nom de plus de quatre cent cinquante d'entre eux est parvenu jusqu'à nous. Raimon de Mireval, ami de Raymond VI de Toulouse et qui célébra l'amour d'une dame du Carcassès, dite la Louve de Pennautier, et Peyre d'Auvergne comptent parmi les plus connus. Dans le XIIIe siècle finissant, sous l'Inquisition triomphante, les derniers troubadours ne chantaient plus la joie de vivre et la beauté des dames, mais des louanges à la Vierge Marie.

En haut : Bernard de Ventadour (vers 1125 - vers 1200), troubadour limousin, se distingua à la cour d'Aliénor d'Aquitaine, puis fréquenta les maisons de Toulouse et de Narbonne avant d'entrer à l'abbaye de Dalon, en Dordogne, où il vécut jusqu'à sa mort. Il laissa quarante-cinq chansons, dont vingt aux manuscrits annotés. La beauté des textes et l'équilibre musical de ses œuvres font de lui un maître reconnu.
Ci-contre : l'un des huit personnages sculptés de la salle des musiciens du donjon de Puivert.

⑥ **Le château de Puivert**, aux élégantes tours carrées, se dresse à 600 mètres d'altitude, au-dessus d'un paysage qui, à perte de vue, s'étend des hauteurs de Bugarach à celles de Montségur. Cette harmonieuse demeure aux défenses illusoires fut embellie au début du XIVe siècle par Thomas de Bruyère, petit-fils de Pons, qui enleva aux cathares la place forte de Puivert — dont les ruines sont invisibles ici —, qui lui fut offerte par Simon de Montfort au nom du roi de France pour prix de son fait d'armes. Cent ans plus tôt, dans le château disparu, Bernard et Alpaïs de Congost, seigneurs cathares, protecteurs des arts et des lettres, recevaient tout ce que Provence et Roussillon comptaient de troubadours.

⑦ **Le château Montségur,** nid d'aigle couronnant l'un des pogs arides du massif de Tabe, à 1 207 mètres d'altitude, tient son nom du catalan *monte Seguro*, « mont sûr ». Le château était, en effet, réputé inexpugnable. Siège de l'Église cathare dès le début du XIIIe siècle, véritable cité religieuse de grand rayonnement, puis bastion à partir duquel s'organisa la résistance aux armées du roi de France et à l'Inquisition, il tomba pourtant en 1244. Il avait fallu près d'un an aux armées royales — on parle de plus de dix mille hommes et de puissantes machines de guerre — pour prendre cette place forte de trois cent soixante et une personnes, y compris la garnison. Lorsque, le 2 mars, les survivants se rendirent, aucun n'accepta d'abjurer. Condamnés à être brûlés vifs, deux cent vingt-quatre cathares, évêques, grands seigneurs, dames et simples paysans, se jetèrent en chantant le 16 mars dans le gigantesque bûcher enclos allumé au pied du château.

⑧ **Le château de Roquefixade,** dont les ruines désolées semblent aujourd'hui n'être plus que rochers de la falaise, fut une redoutable place forte aux murailles puissantes. L'esplanade que l'on voit ici est l'ancienne cour. On y accédait par une tour dont l'étroit passage, barré par deux herses, comportait un assommoir, destiné comme son nom l'indique à assommer les intrus. Cette citadelle, propriété de la parfaite Corba de Lanta, épouse de Raymond de Péreille, seigneur de Montségur, fut un puissant foyer cathare. Véritable place de résistance et bientôt refuge, Roquefixade entretint des liens constants avec le château de Montségur. Ce n'est pas à la violence des combats que cette forteresse doit sa ruine, mais à Louis XIII : confisquée par la couronne de France en 1272, elle avait été dotée d'une garnison que le roi, trois cent soixante ans plus tard, estima trop coûteuse, aussi ordonna-t-il sa démolition en 1632.

SUR LA **ROUTE** DE
JEANNE D'ARC

Pillages, famines, misère. En ce début d'année 1429, la guerre de Cent Ans faisait rage. Alliés, Anglais et ducs de Bourgogne mettaient à genoux le royaume de France. De cette désolation surgit une toute jeune fille. « En nom Dieu » et en bien pauvre équipage, elle quitta son village de Domrémy, en Lorraine, pour se rendre à Chinon sauver le dauphin Charles, qui s'y était retranché, et reconquérir le pays. En onze jours et un parcours de 600 kilomètres, dont la moitié en territoire ennemi, Jeanne D'Aye, dite Jeanne d'Arc, fit basculer le cours de l'histoire.

① **À Domrémy-la-Pucelle,** ces doux paysages de la rive gauche de la Meuse sont ceux de l'enfance de Jeanne d'Aye, dite Jeanne d'Arc. La guerre de Cent Ans, à sa naissance en 1412, faisait rage depuis soixante-quinze ans, et trop souvent ces paisibles prairies, partagées entre royaume de France et Barrois mouvant sous suzeraineté royale imposée, voyaient déferler des bandes de soldats ennemis, Bourguignons alliés aux Anglais, qui ravageaient récoltes et villages. Ils venaient des garnisons et des bourgs voisins tombés entre leurs mains.

Il fallait bien du courage pour sortir de son village, en ces temps d'insécurité où les bandes anglo-bourguignonnes déferlant sur les campagnes pillaient, violaient, incendiaient ! Jeanne, elle, avait la foi. Inébranlable. Dès l'âge de douze ans, elle avait été prévenue par « ses voix » : elle aurait pour mission de délivrer le royaume et de mener le roi à Reims pour y être sacré. À dix-sept ans, son heure était venue. Après un dernier regard à la maison familiale, dont l'humble façade est aujourd'hui blasonnée, lors d'une ultime visite à son « arbre des fées », d'où lui venaient les injonctions de saint Michel, de sainte Catherine et de sainte Marguerite, en quittant Domrémy, ressentait-elle de la peur ? Le cœur lui battait-il en passant dans le bois Chenu où se dresse, de nos jours, la basilique qui lui est dédiée ? Peu lui importait. Son heure était venue, et elle avait la foi. Elle irait trouver le dauphin Charles à Chinon, dût-elle « user ses jambes jusqu'aux genoux », elle l'avait bien dit au sire de Baudricourt. Après deux refus, ce dernier, capitaine de la place de Vaucouleurs, avait enfin accédé à son étrange demande : lui fournir une escorte pour aller à Chinon. Délaissant la rive de la Meuse, trop exposée au milieu des pâturages, Jeanne coupa sans doute à travers les forêts du Grand-Chenois et de Montigny, parcourant plus à couvert, malgré le dépouillement des arbres, les 18 kilomètres de sentiers jusqu'à Vaucouleurs, où se préparait le départ. Le 23 février 1429, vêtue en garçon, coiffée « à l'écuelle », c'est-à-dire au bol, tempes et cou rasés, épée au côté, elle se hisse sur un gros lorrain noir, « mauvais cheval de 16 francs » dira-t-on. Avec six hommes d'armes, dont un messager royal, celle qui, désormais, a pris pour nom « la Pucelle » — affichant ainsi son irréprochable pureté — quitte la place par la porte de France. Elle ne craint rien, car sa « voie est ouverte », elle l'affirme. Dans les brumes glacées de l'hiver, la petite troupe se fond en silence dans les bois de Vaucouleurs, faisant route en direction de l'abbaye de Saint-Urbain où, après une chevauchée de quelque 80 kilomètres, le refuge est sûr. De cet édifice bénédictin ne subsiste à ce jour qu'un pan de muraille. Forêt de l'Étoile, forêt des Druits, vallées de la Marne, de l'Aube et de la Seine se succèdent sous les sabots des chevaux.

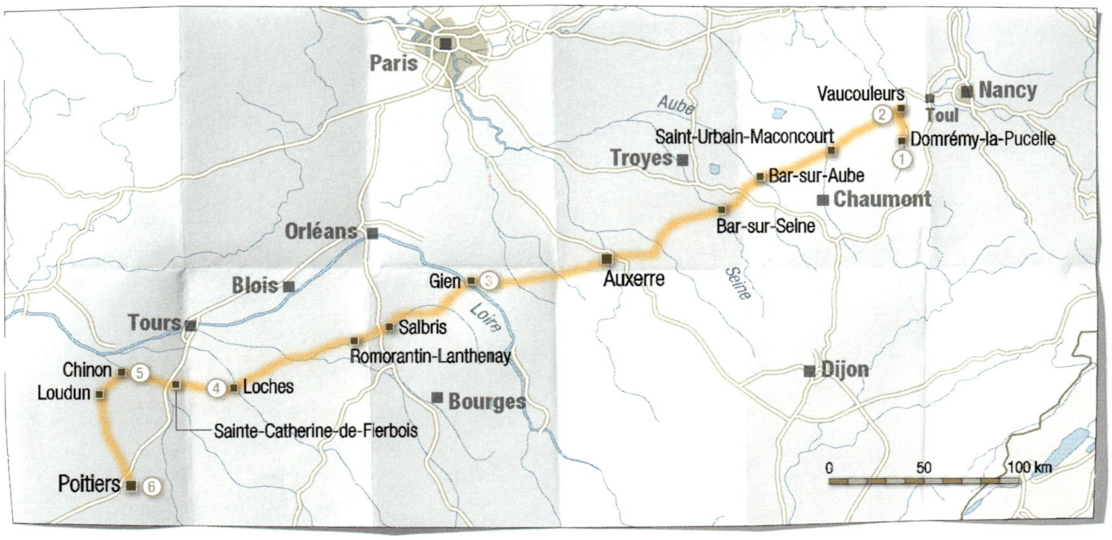

Sans cesse aux aguets, contournant bourgs et villages — en cette région ennemie —, et donc franchissant à gué, dans l'eau glacée, les rivières en crue, Jeanne et ses compagnons ne s'arrêtent que pour dormir dans la paille de quelque grange de fortune, comme à Outre-Aube, près de l'abbaye de Clairvaux, dont les moines n'hébergeaient pas de voyageurs. Ceint de 3 kilomètres de muraille percée d'une seule porte, l'austère édifice fait aujourd'hui en partie office de prison. Bientôt Auxerre. La Pucelle presse l'allure : ce 27 février est un dimanche, et, avant de traverser la vallée de l'Yonne, elle entraîne ses compagnons à la cathédrale Saint-Étienne pour y « entendre messe ». Certes, le danger est là, mais qui dans la foule affairée de cette bruissante place de marché prendrait garde à quelques cavaliers ? En effet, ils passent sans encombre en Puisaye. Dans la forêt de Dracy, près de Mézille — où le gué se franchit... dans l'eau —, la petite troupe aurait mis des brigands en déroute. Peu de chose, en fait... Et Gien se profile. Enfin l'entrée en royaume de France. Inutile de se cacher, désormais. La Loire sera la première rivière que les voyageurs ne traversent pas dans le courant depuis plus de 350 kilomètres. Mais le temps presse, il faut poursuivre, aller par les chemins gorgés d'eau entre les étangs herbeux de Sologne. Ne pouvant passer au nord du fait de l'occupation anglaise, Jeanne et ses compagnons prennent probablement par le sud et Salbris, grand carrefour d'importantes voies médiévales, puis Loches sans doute, avant Sainte-Catherine-de-Fierbois, sur le plateau de Sainte-Maure, où ils arrivent dans le jour finissant. À l'église du village, si simple, qui existe toujours, la Pucelle se recueille. La nuit sera courte. Levée avant l'aube le dimanche 6 mars, elle entend trois messes avant de reprendre la route de Chinon, puis, à L'Île-Bouchard, dans l'église Saint-Gilles, ce sera la grand-messe. Peu avant midi, les voici à Chinon. Porte de Bessé, porte de Verdun... On parlemente. Les ponts-levis s'abaissent. Les cloches sonnent l'angélus à toute volée lorsque Jeanne d'Arc met pied à terre au Grand Carroi, s'aidant de la margelle du puits, qui en porte aujourd'hui l'inscription. Méfiant, Charles ne la recevra que le 8 mars. En fin de journée, elle monte la rue, désormais baptisée de son nom, franchit la porte de la Tour-de-l'Horloge. Au seuil de la salle du Grand Conseil, elle est éblouie par les torches, étourdie par la foule. Une hésitation, et elle va droit vers celui qu'elle ira bientôt faire sacrer à Reims.

POUR LE ROYAUME **DE FRANCE,** « EN NOM DIEU »...

② **C'est sans doute par la porte de France, à Vaucouleurs,** que la jeune fille de dix-sept ans, abandonnant ce qui faisait sa vie, quitta l'enceinte de cette place forte le 23 février 1429 pour, au nom de Dieu, porter secours au dauphin Charles, acculé à Chinon, et sauver d'une atroce misère le royaume de France. La chapelle que l'on voit ici n'existait pas alors.

① **Cette représentation de la Pucelle se trouve devant la basilique du Bois-Chenu.** Celle-ci fut élevée à la fin du XIXe siècle à l'endroit où Jeanne allait se recueillir près de son village de Domrémy. L'édifice lui fut dédié en 1926 après sa canonisation, proclamée en 1920. Quant à la statue, il s'agit d'une copie de l'œuvre originale, exécutée en 1835 par la princesse Marie d'Orléans, fille du roi Louis Philippe, et conservée à Versailles. Elle fut offerte à Domrémy-la-Pucelle par la ville d'Orléans.

Portrait dit *Jeanne des Échevins,* anonyme, 1575 ou 1581, musée d'Orléans. Cette œuvre symbolique tiendrait son nom au fait qu'elle aurait été commandée par les échevins d'Orléans pour honorer le roi Henri III lors de sa visite, en 1576, avec la reine, lorraine, comme Jeanne. La comparaison est inscrite dans un grand cartouche en repeint au bas de l'œuvre, en dédicace au roi. Avec son béret à plumets et ses manches à crevés, à la mode du temps, la Pucelle tient l'épée pointe en l'air, geste de justice. Cette représentation fut copiée et déclinée à profusion, jusqu'à ce que fût connue la statue de Jeanne réalisée par Marie d'Orléans.

③ **La ville Gien,** sur le trajet de la Pucelle, marqua l'entrée en royaume de France. C'est ici, le Ier mars 1429, qu'elle traversa la Loire à la tête de sa petite escorte. Après avoir chevauché nuitamment à travers les régions ennemies en évitant villes et villages et avoir passé les rivières à gué dans des eaux glacées, les voyageurs virent enfin un pont se dérouler sous leurs pas. L'ouvrage qui existait alors avait été construit en 1246 sous le règne de Saint Louis. Plusieurs fois emporté par les crues du fleuve et reconstruit, il connut bien des avatars avant de déployer ses douze arches inégales sur 282,16 mètres entre Gien, rive droite, et Poilly-lez-Gien, rive gauche. Jeanne repassa ici le 23 juin suivant ; cette fois, avec l'armée royale, elle séjourna en ville où, sûre d'elle, elle dicta, entre autres, une lettre pour le duc de Bourgogne, l'ennemi du dauphin Charles, l'invitant à se rendre à Reims au sacre de son rival.

④ **Loches** se profile sur le ciel nuageux d'Indre-et-Loire. À gauche se découpe la tour Saint-Antoine (XVIe siècle), et à droite, la cité médiévale avec le logis du roi et la collégiale Saint-Ours. Ce château de Loches, qui appartenait à la couronne de France depuis 1205, enlevé aux Plantagenêt par Philippe Auguste, fut, avec celui de Chinon, le préféré du dauphin Charles. Il allait de l'un à l'autre, réduit à une telle pauvreté que son cordonnier lui faisait payer un soulier avant de lui remettre le second. Ne recevant pas leur solde, les soldats quittaient la place, tandis que les mercenaires se payaient en pillant alentour. Avant que la Pucelle n'entame sa mission, dans la nuit du 20 novembre 1427, alors que Charles séjournait ici, il s'était éveillé au comble de l'angoisse et, s'étant jeté à « nuds genoux », avait demandé à Dieu que, « s'il fut vrai hoir, descendant de la noble maison de France, il Lui plut le garder et le défendre ».

④ **L'ancienne citadelle de Loches,** avec son puissant donjon carré, l'un des plus anciens de France, flanqué de défenses puissantes aux tours en amande, ne constituait déjà plus un logis royal acceptable en ce début de XVIe siècle. Une autre demeure fut donc construite à la pointe nord de l'enceinte, à l'opposé du donjon. Rien ne l'atteste, mais Jeanne, se hâtant sur son chemin vers Chinon, passa sûrement par Loches en mars 1429. Maints documents officiels font en revanche état de son séjour au château, du 22 au 26 mai suivant, avec le dauphin venu à sa rencontre après qu'elle eut enlevé Orléans aux Anglais. Dans la grande salle du nouveau logis, elle le supplia pour la deuxième fois et obtint enfin de lui qu'il se rende à Reims pour être sacré et que, ce faisant, au fil des cités, il fasse la reconquête du royaume plutôt que d'aller attaquer l'ennemi en Normandie, comme certains le lui conseillaient.

⑤ **Le château de Chinon,** dominant la Vienne dont il contrôlait la vallée, était en 1428 le cœur de ce qui restait du royaume de France : le sud de la Loire, sauf la Guyenne. Le nord était aux mains des Anglais, et l'est entre celles des ducs de Bourgogne. Le futur Charles VII y avait tenu des états généraux un an avant la venue de la Pucelle. À droite, la tour de l'Horloge, par laquelle Jeanne pénétra dans la forteresse le 8 mars 1429. Au milieu, le Grand Logis avec la salle d'audience, où le dauphin la reçut et dont il ne reste aujourd'hui qu'un pignon ouvert sur le ciel. Derrière se profile la tour du Coudray, où elle fut hébergée.

L'ENTREVUE DE CHINON

Dans cette forteresse, où mourut Richard Cœur de Lion et qui fut, avec Loches, arrachée par Philippe Auguste aux Plantagenêt deux siècles plus tôt, le sort du royaume de France se joua le 8 mars 1429. Arrivée à Chinon la veille, Jeanne la Pucelle est admise au château « à haultes heures », en fin de journée, après plusieurs interrogatoires menés par l'entourage du roi. Ce dernier vivait ici dans le dénuement avec la reine Marie d'Anjou et la mère de cette dernière, la reine Yolande d'Aragon, ainsi que la cour, sous la seule protection de vingt hommes d'armes et de trente arbalétriers. Sans doute l'entrevue aurait-elle été plus difficilement accordée si Jeanne n'avait été porteuse d'un pli du seigneur de Baudricourt, capitaine de Vaucouleurs, d'où elle venait. Toujours vêtue en homme, cheveux coupés comme un garçon, la jeune fille est menée jusqu'à la salle monumentale où, dans la lumière des torches, se pressent plus de trois cents chevaliers. Pendant quelques instants, elle cherche. Un gentilhomme, le comte de Clermont, richement paré, se tient près du trône royal. Sans un regard pour lui, elle se dirige vers un personnage discret et, « à la distance d'une lance », dit-on, elle s'agenouille et simplement dit : « Dieu vous donne longue vie, gentil dauphin. » Comme l'homme nie cette identité, elle ajoute : « En nom Dieu, c'est vous qui êtes roi et non un autre. » Dans un silence total, elle annonce la raison de son voyage : « [...] mandée par le Roi des Cieux [pour] le secourir, [...] le mener à Reims pour recevoir sacre et couronne de France, et bouter les Anglais hors du royaume ». Bouleversé, Charles entraîne la jeune fille à l'écart. De leur entretien, il sort transfiguré. Elle lui a, dit-il, révélé un secret connu de Dieu seul. Plus tard, le confesseur de Jeanne rapportera qu'elle lui aurait affirmé : « De par Dieu, je vous dis que vous êtes vrai hoir, héritier de France, fils du roi. » Il tenait donc la réponse aux doutes qui le rongeaient.

En haut : ces armes, trop souvent attribuées à Jeanne d'Arc, ne sont pas les siennes. Elles sont dotées d'un heaume et de végétaux fantaisistes, et s'y mêlent l'écu donné par Charles VII à la famille de la Pucelle — qu'elle-même ne porta jamais — et la devise d'un petit-neveu qui épousa la fille d'une famille de laboureurs anoblie, « Vive labeur » étant « Vive labour ».
Au milieu : le 10 mai 1429, soit deux jours après la reprise de la ville d'Orléans, Clément de Fauquembergue en a consigné le récit au registre du parlement de Paris, l'illustrant, en marge, d'une représentation de la Pucelle telle qu'on la lui a décrite (Archives nationales).
Ci-contre : tapisserie dite d'Azeglio (1420 ou 1430) représentant la rencontre de Chinon. Sur la banderole est écrit en vieil allemand : « Ici vient la Pucelle envoyée par Dieu dans sa terre. »

Jeanne à l'étendard
Cette miniature du XVe siècle ornait la lettrine d'un parchemin dans lequel elle a été découpée. Le reste du manuscrit a disparu, mais au verso sont inscrits quelques mots d'une ballade de Charles d'Orléans — qui fut vingt-cinq ans exilé en Angleterre —, « En regardant vers le pays de France ». Ce n'est pas un portrait mais une représentation symbolique de Jeanne, avec ses attributs. Elle porte l'armure sur mesure confectionnée par Colas de Montbazon à la demande du dauphin. Elle brandit l'épée de la main droite, pointe vers le haut, ce qui est un geste de justice. Sa bannière est presque telle que la décrivit Jean Pasquerel, moine augustin, son aumônier : « L'image de notre Sauveur, assis en jugement dans les nuées du ciel et un ange tenant fleur de lys [...] Jésus Maria y étant inscrit ». Ici figurent deux anges adorants, et les fleurs de lys entourent l'inscription « JHS Maria » (Jésus Marie), devise de l'ordre des mendiants, adoptée par Jeanne.

⑥ **Le baptistère Saint-Jean,** à Poitiers, date du Ve siècle. Derrière se dressent les tours de la cathédrale Saint-Pierre — achevée au XIVe siècle —, près de laquelle Jeanne d'Arc fut logée dès le 11 mars 1429 après l'entrevue de Chinon. En effet, ce n'est pas vers la délivrance d'Orléans comme elle le croyait que le dauphin et sa suite l'entraînèrent d'abord, mais vers la capitale poitevine, où s'étaient réfugiés les théologiens de l'Université de Paris, passée à l'ennemi. Avant d'accréditer la véracité de ses dires, qui engageaient la politique royale et sa légitimité, Charles soumit la Pucelle aux interrogatoires des docteurs et aux examens des matrones, qui vérifièrent sa virginité, preuve de sa bonne foi. Jeanne ayant passé toutes ces épreuves de façon satisfaisante, ils en conclurent que, l'unique secours venant de cette jeune fille qui se disait envoyée par Dieu, « le roi pouvait bien s'aider d'elle ».

SUR LA **ROUTE** DE

COMPOSTELLE

Dès l'an 1000, des pèlerins originaires de toute la chrétienté convergent vers les cols pyrénéens pour se rendre en Espagne et rallier le sanctuaire galicien de Saint-Jacques-de-Compostelle. Quatre grands itinéraires traversent la France, dont la voie du Limousin, la via Lemovicensis, **qui relie la colline de Vézelay au piémont béarnais. Sur ce chemin de foi s'égrène un chapelet d'abbayes et d'hôpitaux, providence des jacquets, ces marcheurs de Dieu partis, bourdon à la main, mendier leur salut.**

① **Dans la basilique de Vézelay,** la distance du narthex au chœur est dite « Chemin de lumière » car, aux alentours du solstice d'été, la clarté tombant des ouvertures entre les colonnes dessine des flaques lumineuses sur le sol de l'allée centrale. C'est, pour le pèlerin, le symbole de la route vertueuse sur laquelle il s'est engagé. Plus de vingt chapiteaux rythment ce parcours. Ils représentent des scènes de *la Légende dorée,* recueil de la vie des saints compilée au XIIIe siècle. Ici, les deux lions creusent le sol pour aider Antoine à ensevelir le corps de l'ermite Paul, lié entre eux comme une momie.

Confessés par le prêtre de leur paroisse, ils se mettent en route avant la fenaison. Nobles ou manants ont quitté leur état, s'en allant « suivre nus le Christ nu ». Des gueux en esprit. Ils partent vers ces confins de Galice où l'on vénère les reliques de Jacques le Majeur, apôtre et martyr. Décapité à Jérusalem en 44 après Jésus-Christ, le prédicateur qui avait évangélisé l'Espagne y aurait été inhumé en secret. Le prodige tient à la découverte de son tombeau, au IXe siècle, par des fidèles qu'aurait guidés une séraphique lueur vers ce lieu saint de Compostelle, le Champ de l'Étoile. Charlemagne régnait alors, et les Maures occupaient le reste de la péninsule ibérique. Le « corps révélé » du disciple annonçait la reconquête. Jacques, thaumaturge et Matamore, guérissant les plaies et sanctifiant le glaive. En cotte et surcot, portant capuche ou chapeau à large bord, le jacquet médiéval fait sonner le bâton ferré, ce bourdon qui procure un appui et tient les bêtes en respect. Pour viatique, un parchemin attestant de sa *bona fide,* sa bonne foi, l'ancêtre de la *credential,* ou passeport du pèlerin. Le latin *pelegrinus* signifie « étranger », voici donc le pèlerin étranger, et d'abord à lui-même : « Mourir à soi pour vivre en Dieu. » On voyage en compagnie, en s'encourageant de la voix. « Plus outre et encore, Dieu nous aide ! », le cri de ralliement des chemineaux en peine. De quatre à six mois de périple, huit lieux par jour, sous les bourrasques, à l'aplomb du soleil et des pluies, à marcher au-devant de tout, loups et brigands, et gués si périlleux à franchir, à suivre les ornières creusées par les charrois, faisant halte dans les prieurés, les monastères et les hôpitaux où l'on pratique les sept vœux de charité. Les marcheurs sont assurés d'y trouver l'asile, et les mourants, une sépulture. Entière dévotion des âmes en chemin, corps fourbus, harassés, pieds en sang… Les stations se suivent, un calvaire ! Tous vont en quête d'un miracle ou en action de grâce pour les bienfaits reçus. Plus tard, on verra cheminer des forçats de l'Inquisition, pénitents aux membres cerclés de fer, et des pèlerins vicaires qui font la route à la place de ceux qui les paie. Ou ce Jean de Werchin, sénéchal de Hainaut, qui chevauchait, la lance au poing, et lançait des défis aux châtelains des contrées parcourues !

Pas encore de randonneurs, mais déjà le « grand tour ». En 930, un moine aveugle de l'abbaye de Reichenau, en Alsace, avait ouvert la voie. Au XIIe siècle, tous les chemins mènent à Saint-Jacques, et un clerc poitevin, Aimery Picaud, en décrit les merveilles. Son *Guide du pèlerin*, le premier du genre, fourmille de notations pittoresques. Un réseau terrestre s'est constitué qui rayonne à travers la France, semblable aux stries de la coquille devenue l'insigne du pèlerinage. Quatre itinéraires principaux aux embranchements multiples, car l'on s'en écarte pour visiter d'autres reliquaires, du Mont-Saint-Michel à Rocamadour. D'ouest en est convergent ces chemins qui s'amorcent à Tours, à Vézelay, au Puy et à Arles. De la colline bourguignonne de Vézelay procède la *via Lemovicensis*, celle du Limousin, voie médiane qui passe par Bourges, Limoges, Périgueux, franchit la Dordogne à Bergerac avant de s'enfoncer en Gascogne *via* Bazas et Saint-Sever. Au-delà de Saint-Palais, en basse Navarre, le carrefour dit de Gibraltar voit confluer trois des voies jacquaires avant la montée vers le col de Roncevaux. Caravansérail de la foi, la Madeleine de Vézelay accueille les pèlerins de Flandres, de Champagne et du massif ardennais. Les foules en prière se pressent dans la nef, entre des arcs-doubleaux aux coloris de style mozarabe. Sur les routes de Compostelle circulent les arts et les techniques. À Bourges, cité épiscopale, l'on contemple les vitraux de la cathédrale illustrant la vie de saint Jacques, puis viennent Bénévent-l'Abbaye et les restes de saint Barthélemy, la collégiale de Saint-Léonard-de-Noblat, dont le clocher-porche fournit un repère au pèlerin. Ensuite, Limoges et le reliquaire de saint Martial, avant d'entrer en Périgord par le bourg de La Coquille. Aux coupoles byzantines de la basilique Saint-Front de Périgueux succèdent les coteaux et les vignobles des rives de Dordogne. Certains font un détour par le monastère cistercien de Cadouin, blotti dans un vallon de la forêt de Bessède. Il contient le « saint suaire » ramené d'Antioche, en réalité un tissu fatimide dont la trame porte une inscription soufique qui rend grâce à Allah ! Passés la commanderie de Roquebrun, en surplomb du Dropt, desservie par l'ordre militaire des hospitaliers de Jérusalem, le pont réolais de la Garonne et l'hôpital de Pondaurat, tenu par les antonins, il reste à cheminer à la lisière des landes à moutons jusqu'à Mont-de-Marsan, puis à parcourir la Chalosse et à trouver le gîte chez les trinitaires de la ville d'Orthez. Après le gave d'Oloron, la montagne referme son emprise. On la gravit par une voie romaine avant de confier sa vie à des sentiers de transhumance. Aux abords du cirque de Gavarnie, un prieuré du XIVe siècle témoigne encore de ce fervent assaut. L'horizon bascule vers la Navarre. Compostelle est encore loin…

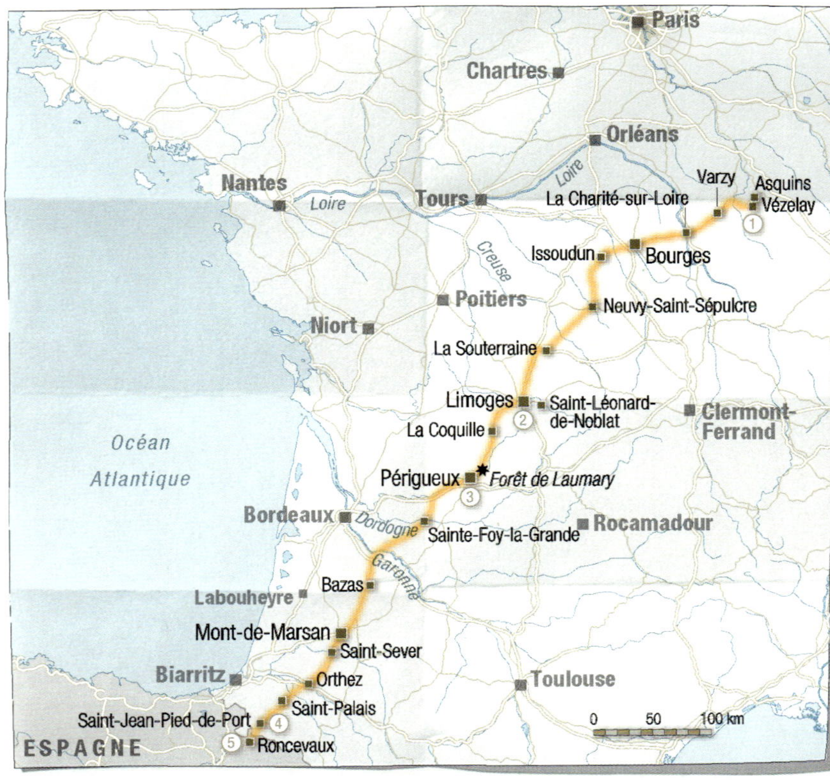

« SUIVRE NUS **LE CHRIST NU** » À CAMPO STELLAE…

① **Vézelay,** à la croisée des routes de Paris et des pays de l'est de l'Europe, est une étape majeure vers Compostelle. La modeste église du monastère fondé au IXe siècle par Girard de Roussillon a cédé la place à la célèbre basilique dédiée à sainte Marie-Madeleine, dont la dépouille, ramenée de Provence et authentifiée par le pape en 1058, attira tant de pèlerins qu'il fallut construire un très vaste édifice.

C'est pour les grâces de saint Jacques le Majeur, reconnaissable ici à la coquille fixée sur son chapeau noir, que des millions de pèlerins cheminent depuis dix siècles vers le Champ de l'Étoile à Compostelle, en Galice, près de l'océan. Jacques est représenté sur cette peinture avec les autres apôtres (invisibles ici), aux côtés du Christ, lors de la Cène (église Constança de Linya, conservé au Museu Diocesa i Comarcal de Solsona). Il coupe le pain, évocation de l'un de ses vingt-deux miracles. L'ayant vu en rêve, un pauvre pèlerin découvrit au matin dans sa besace une miche savoureuse dont il put se nourrir tout au long de sa route car, quel que fut son appétit, il la retrouvait toujours entière.

② **Limoges** compte parmi les jalons les plus importants de cette voie limousine, ainsi qu'en témoigne, entre autres, le précieux reliquaire de saint Jacques offert au XVIIIe siècle par la confrérie des pèlerins à la cathédrale Saint-Étienne, qui domine la Vienne. Depuis sept siècles, le pont Saint-Étienne, situé en contrebas, est emprunté par les jacquets, les pèlerins de Saint-Jacques-de-Compostelle. Construit au XIIIe siècle près des quartiers commerçants d'alors et au carrefour des routes de Toulouse et de Clermont-Ferrand pour soulager la circulation du pont Saint-Martial, situé en aval, ce pont à avant-becs, aujourd'hui piétonnier, connut une animation trépidante. Porteurs, charrois, cavaliers et passants le traversaient au rythme soutenu des *peiteus* (les battoirs) des lavandières ; près de leurs maisons, construites aux deux extrémités, elles battaient le linge des gens aisés, une activité qui se poursuivit jusqu'au milieu du XXe siècle.

③ **Périgueux,** la ville de saint Front, à qui fut consacré la basilique (dont les clochetons sont ici vus du clocher) reconstruite au XIXe siècle à la place des édifices anciens qui s'écroulaient, est aussi, depuis huit cents ans, dédiée au pèlerinage de saint Jacques. L'attestent les coquilles sculptées sur bien des façades, les tombes de pèlerins et les archives de confréries jacquaires. Au XIIe siècle déjà, dans le guide du *Liber Sancti Jacobi,* Aimery Picaud incitait les marcheurs de Dieu à se recueillir devant le sépulcre de saint Front, réputé surpasser « par la beauté de son œuvre toutes les tombes des autres saints ». Ils furent nombreux à suivre son conseil, d'autant que l'évangélisateur de la région et premier évêque de Périgueux avait, dit-on, terrassé un dragon et, de ce fait, protégeait ceux qui l'invoquaient des serpents, abondants sur les routes pierreuses menant à Compostelle.

Saint Jacques, miniature du *Codex Calixtinus,* dit aussi *Liber Sancti Jacobi,* cathédrale Santiago de Compostella.

« Le retour des pèlerins », enluminure du livre d'heures de Marie-Adélaïde de Savoie conservé au musée de Chantilly, illustre le mois de septembre. Partis de chez eux au printemps, les pèlerins rentraient en effet avant les froids hivernaux. Recueils de prières, de psaumes et de textes édifiants, ces livres d'heures, courants au XVe siècle, étaient destinés aux dévotions des laïcs. Leur nom venait du fait qu'à chaque jour, à chaque heure, correspondait une lecture de circonstance. Chroniques de la vie des saints, pieux conseils et calendriers se succédaient au fil des pages de beau parchemin, d'autant plus richement enluminées que le destinataire était fortuné, car ces ouvrages coûtaient cher. Exécuté dans les monastères, le travail, d'une infinie minutie, requérait l'usage de loupes. Parmi les pigments, le bleu, obtenu par broyage de lapis-lazuli importé d'Orient, était le plus précieux.

LES SYMBOLES DU PÈLERIN

Les marcheurs de Saint-Jacques se reconnaissaient, dans les siècles passés, à leur silhouette. Drapés dans une cape et coiffés d'un chapeau à large bord qui les protégeait des intempéries, ils tenaient à la main le bourdon, ce long bâton à double pommeau auquel était souvent accrochée une calebasse contenant un peu d'eau. Ils portaient une besace, petite, car ils étaient censés être frugaux et, pour vivre en chemin, s'en remettre au ciel. Selon les époques, capes et bourdons furent plus ou moins longs, de même que le bord du chapeau fut plus ou moins large, mais ces *signa peregrinationis* faisaient le jacquet. Aujourd'hui, si ni l'habit ni le sac ne font le pèlerin, le bourdon, lui, fait toujours partie de ses attributs. « Bâton d'espérance, ferré de charité, revêtu de constance, d'amour et de chasteté », selon la *Chanson du devoir des pèlerins*, cette canne, précieuse pour soulager la marche et éloigner les chiens agressifs, est un rappel du bâton offert par saint Jacques au magicien Hermogène pour se protéger de démons imprudemment invoqués par lui. Quant à la coquille, la *concha venera*, « conque de Vénus », dite *veira* en Galice, elle n'entrait dans les insignes du pèlerin que sur le chemin du retour, après qu'il l'eut ramassée sur le rivage de Padron, au-delà de la cathédrale de Compostelle. « Il y a, dans la mer de Saint-Jacques, des poissons communément appelés *veira* qui ont sur deux côtés des protections en forme de coquille entre lesquelles se cache un poisson analogue à l'huître », lit-on sous la plume d'Aimery Picaud dans le guide du pèlerin du *Codex Calixtinus*. Les deux valves symbolisent, l'une l'amour inconditionnel que l'on doit porter à Dieu, l'autre l'amour du prochain. Quant aux rayons en relief qui strient le dessus des coquilles, ils sont considérés comme les doigts écartés d'une main et désignent la charité qu'il convient d'exercer en toutes directions. Séculaire balise le long du pèlerinage de Saint-Jacques, la coquille, désormais stylisée, figure sur la signalétique européenne des chemins de Compostelle.

En haut : comme dans les siècles passés, la coquille de saint Jacques figure sur les façades des maisons d'accueil des pèlerins ; celle que l'on voit ici, clouée sur une pancarte, est apposée sur la porte de bois d'une maison de Saint-Jean-Pied-de-Port.
Dessous : pour une brève halte au cours d'une longue étape, le bourdon est un appui soulageant.

Le chemin des cols pyrénéens en direction de Roncevaux, suivi depuis dix siècles par les pèlerins de Saint-Jacques, est la route des transhumances préhistoriques et la grande voie romaine de passage entre l'Aquitaine et l'Espagne. On l'appelle aujourd'hui, le « chemin navarrais » puisqu'il traverse la haute Navarre. Les montées y sont rudes, tant vers le col de Cize que vers ceux de Bentarte et d'Ibañeta, où moutons et pottocks, ces petits chevaux trapus qui ressemblent comme frères à ceux des grottes de Lascaux, vivent en liberté sous relative surveillance. Au Moyen Âge, les jacquets redoutaient ce passage où, dans les brouillards, soudains en toutes saisons, surgissaient trop souvent brigands et autres détrousseurs.

④ **Saint-Jean-Pied-de-Port,** dont les maisons bordent la Nive, est l'ultime agglomération avant l'ascension des Pyrénées, d'où son nom, au pied du port, c'est-à-dire du col. Ici, les trois routes de Compostelle n'en font plus qu'une, celles de Tours et du Puy-en-Velay ayant rejoint notre route de Vézelay voici quelque 25 kilomètres, aux environs d'Ostabat. Depuis Saint-Palais, les chemins de la région étaient autrefois jalonnés d'hôpitaux, d'hospices et de maisons d'accueil fondés par de nombreux ordres religieux pour héberger, réconforter et soigner les pèlerins qui affluaient en foule ; certains sont aujourd'hui transformés en gîtes d'étape. Comme dans le passé, le marcheur vers Compostelle peut entrer par la porte Saint-Jacques et suivre la route d'Espagne jusqu'au pont Notre-Dame, que l'on voit ici menant à l'église Notre-Dame-du-Bout-du-Pont. De là, après s'être recueilli comme ses prédécesseurs, il s'engagera sur le chemin de Navarre.

⑤ **La croix des Pèlerins** ou, plus précisément, *cruz de los Peregrinos*, datée du XIVe siècle, se dresse au bord du chemin de Burgo de Roncesvalles, aujourd'hui Burguete. Sous le Christ, une image de la Vierge a été gravée dans la pierre posée, le socle portant les effigies du roi Sanche le Fort et de son épouse. Ce calvaire marque pour le pèlerin de Compostelle, en empiétant un peu au-delà de la frontière, la fin de cette route de France. Comment s'arrêter avant Roncevaux — Roncesvalles, en réalité —, site de légende où sonnent à jamais dans l'imaginaire du voyageur les accents désespérés du cor de Roland, neveu de Charlemagne, pris au piège, plus par les Basques que par les Sarrasins, le 15 août 778. Avant d'y parvenir, le chemin passe par Ibañeta, où bien des jacquets se recueillent encore, agenouillés en direction de la Galice, pour prier, comme l'empereur, monseigneur saint Jacques.

Sur la route du sacre Texte de Gilles Dusouchet, légendes d'Eve Sivadjian

Sur la route des chasses royales Texte de Gilles Dusouchet, légendes d'Eve Sivadjian

Sur la route de Napoléon Texte de Gilles Dusouchet, légendes d'Eve Sivadjian

ROUTES DES **PRINCES**

SUR LA **ROUTE** DU
SACRE

Clovis, roi des Francs, y ayant été baptisé, Reims fut pendant mille ans la cité du sacre des rois de France. Le cérémonial, institué par Pépin le Bref en 754, prit fin avec Charles X en 1825. Partant de Paris en fastueux cortège, le souverain faisait halte à Soissons, parfois à Compiègne, et couchait à Fismes la veille de son entrée dans la ville champenoise, trouvant sur son chemin la basilique de Saint-Denis, dépositaire des regalia, insignes royaux de Charlemagne qu'il portait lors des cérémonies.

① **Le Louvre,** au cœur de Paris, symbolisa l'autorité royale, que les souverains y résident ou non, car sous la cour Carrée (ci-contre) s'élevait le colossal donjon construit par Philippe Auguste au XIIe siècle — dont la base est dégagée en sous-sol —, sur lequel s'étayait l'entier système féodal. En effet, tous les fiefs octroyés par le roi à ses vassaux directs relevaient de cette tour, même après que François Ier l'eut détruite pour bâtir son palais. Si les rois allaient à la messe à Saint-Germain-l'Auxerrois, leur proche église paroissiale, ils quittaient le Louvre pour être sacrés à Reims et inhumés à Saint-Denis.

Par le sacre, par grâce et par serment, les rois de France sont institués défenseurs de la foi catholique et garants de l'ordre du royaume. Leur personne, dès lors élevée au-dessus des laïcs, devient inviolable. La pompe entourant cette cérémonie et son rituel, d'une magnificence sans égale, ajoute au symbole. C'est du Louvre, forteresse du roi suzerain, devenue château royal sous Charles V, que la plupart des rois de France partent pour Reims, suivant une voie triomphale qui mène des faubourgs de Paris à l'abbatiale de la ville champenoise où, le 25 décembre 496, l'évêque Rémi a baptisé Clovis, premier chef mérovingien à se faire chrétien. Au départ du monarque, la foule en liesse escorte la voiture entourée des gardes du corps. Vivats et cloches sonnant à la volée saluent le passage du convoi et des équipages. Princes, dignitaires, grands seigneurs voyagent en tenue d'apparat. La cavalcade déclenche des bouquets d'illuminations et des réjouissances publiques. En ces temps où le visage royal se montre au peuple seulement en gravure et sur les pièces de monnaie, c'est un prodige que de le voir en route avec la cour. Le trajet, à l'aller comme au retour, connaît des variantes, prenant par Saint-Denis et par Compiègne ou par Villers-Cotterêts, pour bifurquer vers Soissons, avant le château de Gueux puis la bourgade de Fismes, où le cortège royal a coutume de faire étape la veille de l'entrée dans Reims. Deux monuments-phares éclairent par leur rayonnement spirituel ce chemin de gloire. D'abord, la basilique Saint-Denis — aujourd'hui cathédrale —, du nom du premier évêque de Paris, décapité sur la colline de Montmartre, qui s'élève à l'endroit de l'antique abbatiale carolingienne. Consacré en 1144, l'édifice innovait par sa légèreté et sa luminosité. Voûte sur croisée d'ogives, baies jumelles et rosace y fondent les canons de l'art gothique. Nécropole renfermant les tombeaux des souverains, de Dagobert à Louis XVIII, Saint-Denis illustre la continuité de la monarchie. S'y trouvaient déposés les instruments du sacre, insignes royaux, tels la couronne dite de Charlemagne, l'épée baptisée « Joyeuse » car, arme d'apparat, elle ne servait qu'aux cérémonies, la main de justice, le sceptre, l'anneau mystique et l'étendard de guerre brandi au cri de « Montjoie Saint-Denis ! ». Sanctuaire non moins célèbre, plus loin, sur la route, la cathédrale de Soissons, sur les hauteurs de la Vesle, occupe un site près duquel Pépin le Bref, le premier, reçut l'onction royale, des mains de saint Boniface. Ce rite « sacramental » scelle l'alliance des pouvoirs laïcs et religieux ; dès lors, il octroie à l'évêque de Soissons la possibilité de remplacer au sacre celui de Reims en son absence. Reims enfin ! L'entrée du cortège dans cette ville est une féerie. Ce n'est partout qu'arcs de triomphe fleuris, étendards, tapisseries aux fenêtres. Toutes les cloches sonnent tandis que l'artillerie des remparts s'en donne à cœur joie et que le peuple, émerveillé, crie : « Noël ! Noël ! » Après messes, vêpres, Te Deum, le roi se retire au palais archiépiscopal, où il passe la nuit. Le grand jour venu, sur le parvis de la cathédrale s'avance le cortège, armoiries et bannière fleurdelisée en tête. L'assistance, suivant un protocole méticuleux, garnit tribunes et gradins élevés autour du chœur. Après que l'archevêque s'est prosterné devant l'autel et que le roi s'est entouré de ses pairs, serments, bénédictions et remise des insignes se succèdent jusqu'au couronnement. Le nouveau souverain, couronne sertie de diamants sur la tête, tenant dans ses mains gantées sceptre et main de justice, monte sur le trône. Viennent encore les prières de l'intronisation, l'archevêque tenant le roi par le bras droit. Ensuite, révérence et baiser du prélat qui proclame à trois reprises : *Vivat rex in aeternum !* Que le roi vive éternellement ! La délivrance des prisonniers, dont procède l'actuel droit de grâce présidentiel, conclut le cérémonial, avant le festin tenu dans la salle de l'archevêché. Le lendemain du sacre, Sa Majesté entend la messe à l'abbaye de Saint-Rémy, puis ce même jour ou le surlendemain, avec une suite réduite, se rend en pèlerinage à cheval au monastère de Corbeny, près de Laon. Là, après s'être recueillie devant le reliquaire de saint Marcoul, elle se livre dans le parc attenant au « toucher des écrouelles » en prononçant la formule rituelle : « Le roi te touche, Dieu te guérit. » Sa sacralisation, en effet, attribue au monarque le pouvoir de guérir les scrofuleux. Tous actes officiels ainsi achevés, certains rois rentrent directement à Paris, tel Louis XI, d'autres, tel Louis XV, s'attardent à Soissons, à Villers-Cotterêts ou à Chantilly, où les attendent des fêtes fabuleuses.

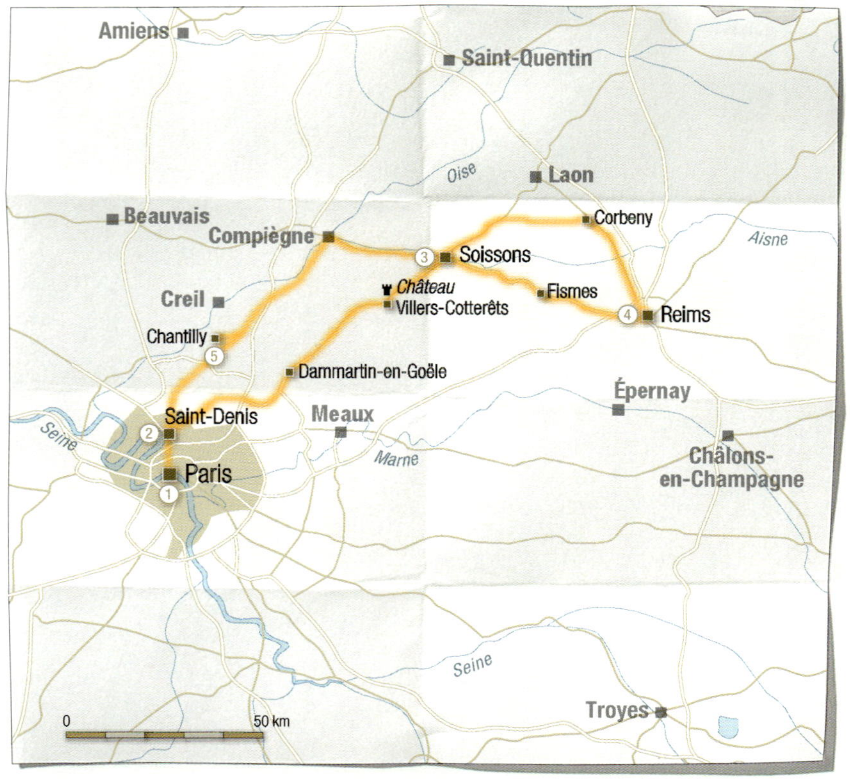

L'ITINÉRAIRE SACRÉ **DES ROIS,** EN FASTUEUX CORTÈGE

② **Charlemagne,** représenté ici sur un vitrail de la basilique de Saint-Denis, fut sacré empereur le 25 décembre 800 à Saint-Pierre de Rome par le pape. S'il résidait à Aix-la-Chapelle, il était très attaché à l'abbaye de Saint-Denis, où furent conservés ses « honneurs », jusqu'à la Révolution. Ces derniers, emblèmes de la royauté portés par les rois de France lors de leur sacre, comprennent sa couronne, son sceptre, sa main de justice, son épée, nommée « Joyeuse » car elle ne servait qu'aux cérémonies, son agrafe, ses éperons et son livre du sacre.

② **La construction de Saint-Denis** Le roi Dagobert Ier ne fut pas le fondateur de l'abbaye de Saint-Denis, comme pourrait le laisser croire l'enluminure ci-dessus, extraite des *Grandes Chroniques de France* (XIVe siècle). Le saint, décapité à Montmartre et qui, miraculeusement, porta sa tête jusqu'à la colline baptisée de son nom, y fut inhumé dans un cimetière gallo-romain. Au VIe siècle déjà, un sanctuaire élevé sur sa tombe faisait l'objet d'un grand pèlerinage, et une communauté de frères s'y était établie. Enfin, en 630, Dagobert fit agrandir et embellir l'édifice. Mieux : il accorda aux religieux — une grande première dans l'histoire — des donations foncières et, en 634, la concession d'un droit de foire annuelle — la future foire du Lendit —, qui donna à Saint-Denis un rayonnement international. Comme il l'avait demandé avant de mourir, le 19 janvier 639, Dagobert fut enseveli ici, près de la somptueuse chasse offerte au saint qu'il vénérait.

② **La basilique Saint-Denis** L'abbé Suger, qui, au XIIe siècle, commença la construction de l'actuel édifice (devenu cathédrale depuis 1966), réalisa ce faisant l'un des premiers chefs-d'œuvre gothiques. Aux chapelles rayonnantes et au déambulatoire bâtis alors, fut ajouté un impressionnant transept à double bas-côté pour loger les tombaux royaux. Celui de Dagobert Ier, sculpté au XIIIe siècle, repose dans le chœur. Ainsi, le monarque qui fit de l'abbaye de Saint-Denis un pôle d'attraction économique et culturel majeur de son époque occupe la place qui lui revient. En demandant à être inhumé ici, auprès de ses prédécesseurs de la « première race », les Mérovingiens, Charles Martel, roi de la « deuxième race », celle des Carolingiens, éleva la basilique au rang de symbole de la continuité des dynasties royales ; c'est pour cette raison qu'elle fut dépositaire des objets cérémoniels du sacre.

③ **La cathédrale de Soissons,** dédiée à saint Gervais et à saint Protais, n'a pas été témoin des temps mérovingiens et carolingiens. Elle fut élevée aux XIIe et XIIIe siècles ; son architecture, gothique en comparaison de celle de Chartres, servit de décor à bien des événements de l'histoire, et ses évêques eurent l'honneur officiel de sacrer les rois de France en l'absence de l'évêque de Reims. Opulente et convoitée au haut Moyen Âge, la cité a conservé les cryptes carolingiennes de Saint-Médard où Raoul de Bourgogne, à la mort de son père, Robert, comte de Paris, élu « roi des grands » par ses pairs, fut sacré le 13 juillet 923, tandis que Charles le Simple, jugé inapte, était emprisonné à Château-Thierry. En 751, Pépin le Bref avait créé un précédent : élu roi par son peuple et avec la bénédiction du pape, qu'il avait sollicitée, c'est à Soissons qu'il avait reçu l'onction sacrée de l'archevêque Boniface avant d'être élevé sur le pavois royal, selon la coutume des Francs. Le « sacrement » du roi était né.

Le baptême de Clovis a fait de ce quatrième chef mérovingien le premier roi des Francs chrétien. Longtemps récalcitrant, il fit vœu de se convertir au Christ de la reine Clotilde, son épouse, lors de la bataille de Tolbiac, qu'il était en train de perdre. Victorieux, il s'exécuta. Saint Rémi, alors évêque de Reims, le baptisa donc le 25 décembre 496 en cette bonne ville, avec trois mille personnes, dont maints soldats de son armée, convaincus par leur miraculeuse victoire. La scène ci-dessous est un fragment d'un ensemble de tapisseries de plus de 48 mètres de long sur 4 mètres de haut, exposé à Saint-Rémi de Reims. Au-dessus de Clovis figure, invisible ici, le Saint Esprit qui, du ciel, aurait apporté à l'évêque le saint chrême. Pieusement conservé dans la sainte ampoule — qui sera détruite à la Révolution —, le surplus servit à l'onction de près de soixante rois de France. En 1179, une charte de Louis VII confirmée par le pape Innocent III institua Reims seule ville du « sacrement ».

SACRE ET COURONNEMENT DES ROIS DE FRANCE

Arrivé à Reims la veille du sacre le plus souvent, le roi loge au palais archiépiscopal. Le lendemain, le chantre frappe à la porte de la chambre royale. Le grand chambellan s'enquiert : « Que demandez-vous ? — Le roi. — Le roi dort. » Par trois fois, le dialogue se répète, puis le chantre dit : « Nous demandons X que Dieu nous a donné pour roi. » La porte s'ouvre. Le monarque est allongé, en camisole cramoisie dans laquelle des trous sont ménagés aux endroits des onctions. Deux évêques le soulèvent et l'emmènent à la cathédrale. Ce rite symbolise le « roi dormant », qui, jusqu'au XIIe siècle, avant d'être sacré, avait si peu de pouvoir que ses grands signaient les actes avec lui. La sainte ampoule contenant le précieux chrême du baptême de Clovis est amenée, pendue au cou du prieur de l'abbaye de Saint-Rémi, qui pénètre à cheval jusqu'au chœur pour la remettre à l'archevêque. Litanies, répons, prières ; le roi est à genoux. Du pouce droit, l'archevêque pratique sept onctions sur différentes parties du corps, disant : « Je vous sacre roi avec cette huile sanctifiée, au nom du Père, du Fils et de l'Esprit saint. » Le roi est alors revêtu de trois vêtements de velours violet semés de lys d'or, figurant les trois ordres ecclésiastiques auxquels il appartient désormais : sous-diacre, diacre, prêtre. Encore deux onctions sur les mains royales que l'archevêque revêt des gants bénis, comme l'anneau qu'il enfile au quatrième doigt, puis il place le sceptre dans la main gauche du roi et la main de justice dans la droite. Le sacrement est consommé. Commence le couronnement : après que le chancelier a appelé pairs laïques et ecclésiastiques avec la phrase « Présentez-vous à cet acte », l'archevêque tient la couronne de Charlemagne au-dessus de la tête du roi. Les pairs accourent pour l'aider à la soutenir, puis laissent l'archevêque en ceindre, seul, le front royal. « Vive le roi ! » À peine le roi couronné a-t-il été mené jusqu'à son trône que sonnent trompettes et cloches pour l'annoncer. Les portes s'ouvrent pour laisser pénétrer le peuple, saisi d'un « attendrissement inexprimable », comme les grands et la cour. « Vive le roi ! » Cris « mille fois renvoyés du fond du sanctuaire au-delà du parvis qui font taire les chants de l'Église, absorbent le son des trompettes, couvrent le bruit des cloches et celui des canons ». Au couronnement de Louis XVI, le 11 juin 1775, la liesse était ainsi à son comble…

En haut : la masse du chancelier au sacre de Charles X. Lorsque le roi, couronne en tête, s'achemine vers son trône élevé au-dessus du jubé, le grand chancelier de France marche derrière lui, tenant droit ce bâton symbolique. Sur les côtés du précieux « lanternon », flanqué à chaque angle d'une main de justice, figurent les effigies de Saint Louis, de François Ier, d'Henri IV et de Louis XIV. La hampe, fleurdelisée, porte la devise « Valeur et bonté », « valeur » signifiant alors « courage » (musée du Tau, Reims).

Le sacre de Charles VII Ce dimanche 17 juillet 1429, dans la cathédrale de Reims, ayant reçu l'onction sainte des mains de l'évêque Regnault de Chartres, le dauphin ceint la couronne royale. Jeanne d'Arc, invisible ici, se tient à ses côtés avec les dignitaires, conviés à la hâte, depuis Giens, sur le chemin jalonné des victorieuses batailles qui ouvrirent la voie jusque-là. « Gentil roy, ores est exécuté le plaisir de Dieu qui vouloit que vinssiez à Rheims recevoir vostre digne sacre… », furent, dit-on, parmi les premiers mots de la Pucelle, agenouillée et en larmes devant lui après qu'ils furent entrés en ville. La nouvelle se répand. La magie du sacrement opère. Laon envoie les clés de ses portes le 21 juillet. Le 23, à Soissons, ce sont les délégués de Coulommiers, de Provins, de Château-Thierry, jusqu'alors soumis aux Anglo-Bourguignons, qui viennent faire allégeance (enluminure extraite des *Vigiles de Charles VII*, 1484, Bibliothèque nationale).

④ **La cathédrale de Reims** est un joyau du plus pur gothique. La première pierre en fut posée le 6 mai 1211 sur les fondations de la cathédrale mérovingienne détruite, un an plus tôt, dans un incendie qui ravagea la ville. Il ne fallut que dix ans pour construire les chapelles rayonnantes qui permirent de la remettre en service et de sacrer Louis VIII en 1223, puis Louis IX en 1226, mais l'ampleur des travaux pesa lourdement sur les Rémois. Un nouvel incendie, en 1481, la priva de la forêt de flèches prévue.

⑤ **Au château de Chantilly,** l'éblouissement des feux d'artifices… Après les fêtes somptueuses offertes à Villers-Cotterêts par le duc d'Orléans en l'honneur de Louis XV au retour de Reims, la réception donnée ici le 4 novembre 1772 par le duc de Bourbon fut un « chef-d'œuvre du zèle et du génie ». La magie du feu d'artifice tiré sur le Grand Canal et l'illumination des pièces d'eau subjuguèrent l'assistance. Le festin fut… royal. Le lendemain, en ouverture de la partie de pêche offerte au monarque, une grande actrice de l'Opéra, vêtue (peu) en Thétis, navigua vers lui sur le canal dans une conque marine entourée de tritons pour déposer à ses pieds l'hommage de l'empire des ondes et une ligne ornée de perles fines et de corail. Le jour d'après, ce furent Diane et ses nymphes, « galamment vêtues », sorties d'une grotte de verdure, qui ouvrirent la partie de chasse en offrant à Louis, avec un arc et un carquois, l'empire des forêts.

Sacré roi de France, Louis XI entre à Paris le 31 août 1461. Vêtu fort simplement comme on le voit ici, il est entouré d'une petite escorte qui contraste avec l'éblouissant cortège du duc Philippe de Bourgogne, son « bel oncle » et protecteur contre son père, Charles VII. À sa demande, le duc avait « mené à Reims » le futur roi, mais avec une escorte si voyante ! Quatre mille cavaliers, quarante chariots remplis de tapisseries, d'étoffes, de vaisselle, d'or et autres richesses. Les cérémonies se déroulèrent le 15 août dans la cathédrale. Après l'onction sacrée administrée des mains de l'évêque, le duc s'empara de la couronne et en coiffa lui-même le roi, geste symbolique mais sans lendemain car Louis XI n'en fit jamais que selon son propre vouloir. Il quitta Reims le soir même pour la proche abbaye de Saint-Thierry, où il s'isola deux semaines, et, une fois dans Paris en liesse, tandis que son bel oncle allait loger à l'hôtel d'Artois, lui-même s'installa aux Tournelles.

SUR LA **ROUTE** DES
CHASSES ROYALES

Rituel symbolique et démonstration de puissance, la chasse, comme la guerre, fit toujours partie des devoirs royaux. Les rois de France s'y adonnèrent avec passion. Au XVIe siècle, derrière François Ier, des centaines de seigneurs et de dames en brillant équipage, suivis de carrosses, de chariots avec volerie et vénerie, allaient en grand cortège de Fontainebleau à Amboise, à travers la Sologne et le val de Loire, où les loges de Blois et les terrasses de Chambord servaient de tribune au spectacle des équipages.

① **La forêt de Fontainebleau en automne**
Tous les rois de France chassèrent sous les hautes futaies de cet immense domaine, qui s'étend, aujourd'hui encore, sur quelque 20 000 hectares entre la Seine et le Loing. Plusieurs faisceaux de sentiers partant de carrefours en étoile tranchent les massifs de hêtres, de pins et de chênes, dont beaucoup sont âgés de trois cents à quatre cents ans. Aménagés par François Ier puis par Louis XIV, ils offrent un tracé rectiligne favorisant le passage des équipages et permettant une bonne vision sur plusieurs centaines de mètres.

« C'étaient tous les jours des parties de chasse et de paume, des ballets, des courses de bagues, ou de semblables divertissements. » Ainsi l'auteur de *la Princesse de Clèves*, madame de la Fayette, décrit-elle en ouverture de son roman le tourbillon dans lequel se jetait Henri II, l'héritier de François Ier, qui n'aimait rien tant qu'exercer son corps au combat. Forcer le cerf en forêt et lancer le faucon sur sa proie sont, avec les campagnes militaires, la grande affaire sous le règne des Valois. Comme la guerre, la chasse fait en effet partie du métier de roi, ce dernier prouvant au peuple, par ce violent exercice, sa santé, son endurance, son courage. De plus, les relais et les châteaux de chasse qu'il construit à travers le royaume sont autant de symboles de sa présence, de sa puissance. Louis XI, dit-on, aurait même voulu interdire à la noblesse cette activité pour réserver au seul monarque le droit de mort sur la sauvagine. Pour ses chasses, François Ier remanie ou construit sept châteaux en quinze ans, dédiés pour la plupart à sa passion pour la *caccia regale*, la plus royale de toutes : la vénerie du cerf. Taillé comme un colosse, le Roi-Chevalier pratique sans mesure la chasse à « courre, à cor et à cri », avec sa meute de chiens, son armée de piqueurs et le cortège des courtisans ayant obtenu l'honneur d'être de la partie. La Maison du roi se déplace et campe d'une résidence à l'autre. Vaisselle et mobilier suivent dans des chariots, car le Trésor ne peut pourvoir à l'équipement de tous les châteaux visités. Souvent, il faut diviser les pièces au moyen de tapisseries pour loger tout le monde. Les palais abritent des dortoirs plutôt que des appartements. La vie de cour y est un entassement. Être invité à chasser et à festoyer se paie d'inconfort et de promiscuité, mais qu'importe ! L'honneur est si grand… Monarque, ministres, courtisans, compagnies de la garde et domestiques, des centaines de gens nomadisent ainsi, selon les nécessités de l'heure, les commodités du lieu et l'abondance du gibier dans les futaies et les landes alentour. Comme l'écrit dans sa correspondance l'évêque de Saluces : « Ici l'on ne pense qu'aux chasses, et quand on tombe sur un de ces gîtes, on n'y reste que tant que dure les hérons qui sont dans le pays… » Aucun roi n'a autant voyagé sur ses terres

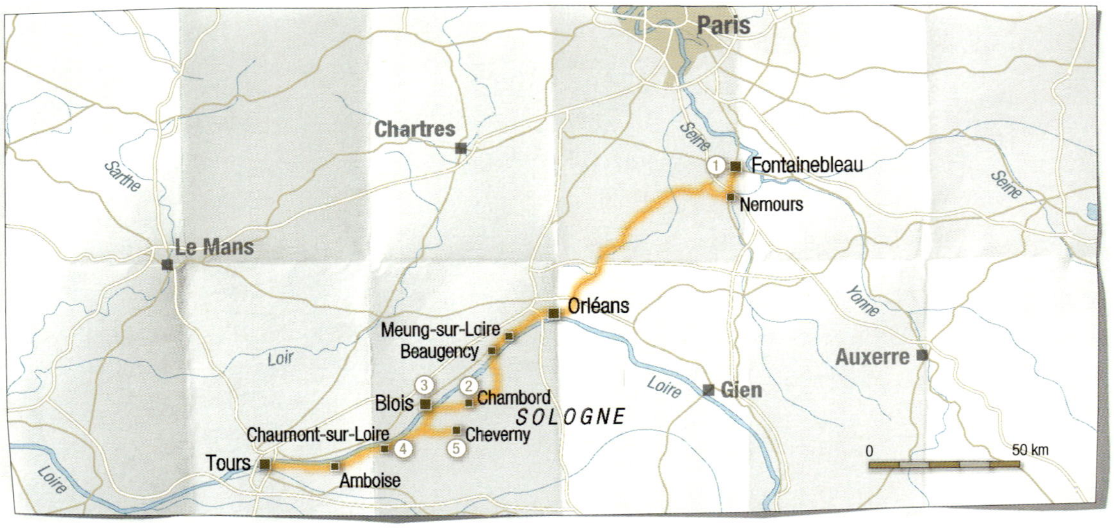

que François Ier, aussi ce dernier veille-t-il à se procurer des étapes ayant plus d'agrément qu'un bivouac. Sa résidence favorite, Fontainebleau, n'a conservé de son passé médiéval que le donjon. Le reste du bâtiment, dont la galerie décorée par Rosso Fiorentino, sert d'écrin à des œuvres de la Renaissance italienne, prisée par cet émule des Médicis. La cour Ovale est le théâtre où se jouent le départ et le retour de la chasse. Celle-ci se déroule dans un domaine boisé, balisé par des poteaux au carrefour des sentes et troué de landes à bruyères. Une splendeur. De Fontainebleau, le roi se rend à Chambord par Orléans, où, vaillant en amour, il rejoint au passage la couche d'une de ses favorites, la duchesse d'Étampes, rivale de Diane de Poitiers, qui est presque toujours représentée en Diane chasseresse. Le voilà ensuite à Meung, où il dort à l'évêché, et à Beaugency, figeant d'étonnement les ambassadeurs étrangers… Quoi ! le si puissant roi de France accepte donc de dormir chez ses sujets ? Le fastueux château de Chambord, bâti sur un domaine de chasse acquis par Louis XII, éblouira l'empereur Charles Quint lors de sa visite. C'est une folie de quatre cent quarante pièces à la démesure du monarque, en lisière des bois et des marais solognots, à la toiture hérissée de tourelles, de cheminées et de lucarnes, et à la vaste terrasse, balcon faisant écho à la clameur des meutes et aux sonneries des fanfares. À Blois, ce sont l'escalier à vis et la façade ajourée de galeries, loges imitées du palais du Vatican, qui font office de gradins pour admirer veneurs et piqueurs rassemblés pour suivre les chiens sur la voie. Amboise enfin, au confluent de la Loire et de l'Amasse, avec son aile gothique et ses deux tours cavalières, abrite une chapelle dédiée à saint Hubert, qui, selon la légende, poursuivit en vain un cerf aux bois nimbés par une croix lumineuse avant de consacrer sa vie à Dieu. Dans ce château, lors du mariage du duc de Lorraine et de Renée de Bourbon, François Ier se mit en tête d'égayer les convives en combattant un sanglier au corps à corps. La reine l'en ayant dissuadé, on fit charger la « bête noire » sur des mannequins disposés au milieu de la cour d'honneur. Las, le sanglier, rendu furieux et « turquetant ses marteaux », autant dire donnant partout de ses défenses, s'échappa de l'arène, gravit un escalier et se rua dans la pièce où se trouvait le roi, qui tira aussitôt l'épée et le transperça d'un coup ! Aucun de ses successeurs, qui pourtant chassèrent eux aussi avec fièvre, ne renouvela pareil exploit.

EN GRAND ÉQUIPAGE, **« À COURRE,** À COR ET À CRI »…

La famille de Bourbon à la chasse

Après l'hallali, lorsque la bête fait face à la meute, le veneur la sert, c'est-à-dire qu'il l'achève. S'ensuit la curée, récompense des chiens, annoncée à son de trompe. Ici, le cerf a été acculé dans un cours d'eau, ce qui était fort prisé pour la beauté du spectacle.

Le cerf élaphe, hôte des vastes forêts, est le plus grand mammifère sauvage d'Europe de l'Ouest. Noble, gibier de monarque dont l'image est associée aux emblèmes royaux et chrétiens sous la protection de saint Hubert, il se chassait à courre. Chaque année au printemps, les mâles, comme ce splendide spécimen, perdent leurs bois, qui repoussent toujours plus imposants. En fin d'été, solitaires, ils sont prêts pour la période du brame.

① **Fontainebleau** « est en si belle assiette pour le plaisir, les bois y étant foisonnants, la proie à souhait, les ruisseaux et les étangs, le gibier et le poisson, et l'air y étant sain et libre, qu'on ne saurait trouver lieu en France plus propice à la retraite des princes ». Vers 1525, lorsque l'écrivain Belleforêt note cette phrase enthousiaste, une partie du palais, dont la magnificence s'étale ci-dessus, vient d'être achevée : François Ier a la résidence qu'il voulait pour chasser « bêtes rousses et noires », c'est-à-dire cerfs et sangliers. À ce chef-d'œuvre Renaissance, construit par Le Breton et décoré par Rosso Fiorentino et par le Primatice, Henri IV, Louis XIII et Louis XIV ajoutèrent leurs édifices, augmentant au fil des siècles la surface des écuries, des chenils, des volières et autres dépendances de vénerie. Les innombrables représentations de chasse et les galeries de trophées édifiées sous Henri IV font de ce château le grand musée des chasses royales.

CHAMBORD

« Voici un abrégé de ce que peut effectuer l'industrie humaine ! » se serait écrié, bouche bée, Charles Quint lorsque le château de Chambord surgit à son regard dans l'atmosphère vaporeuse des marais solognots. François Ier avait atteint son but diplomatique : démontrer à son rival de toujours l'écrasante puissance du roi de France. Pourtant, il avait construit Chambord pour la chasse avant tout, et non uniquement pour le prestige. Cette construction féerique est en effet un rendez-vous de chasse dont le moindre détail répond à des fins cynégétiques, à commencer par le choix du site, en plein cœur d'une des régions les plus giboyeuses du royaume. La proche forêt de Boulogne fournissait les cerfs pour la chasse à courre, certaines zones étant assez fangeuses pour abriter aussi une belle population de sangliers. Dans les plaines et aux lisières des bois, le chevreuil abondait et le gibier d'eau, qui foisonnait, pouvait être chassé en barque dans les marais. Le chantier de ce fantastique édifice, construit à la place d'une ancienne maison de chasse des comtes de Blois, dura de 1519 à 1537. Qui en fut l'architecte ? On ne sait, mais on en prête la conception à Léonard de Vinci, si proche de ce roi auprès duquel il s'éteignit, au Clos-Lucé, l'année où débutèrent les travaux. Qui d'autre aurait pu concevoir le célèbre escalier à deux rampes hélicoïdales, où ceux qui montent ne croisent jamais ceux qui descendent ? Quoi qu'il en soit, la maquette fut exécutée par Dominique de Cortone, qui, avec Jacques Sourdeau, Pierre Nepveu, dit Trinqueau, et Jacques Coqueau, originaires des régions de Blois et d'Amboise, dirigea les travaux. Le plan est simple : un château de plaine au gros donjon central, ceint d'une chemise rectangulaire comportant à chaque angle une tour à laquelle il est relié par des galeries à étages. Ses quatre cent quarante pièces chauffées par trois cent soixante-cinq cheminées et ses immenses dépendances permettaient d'accueillir le roi et sa cour, avec la foule des veneurs, les chevaux, les chiens courants et la fauconnerie. Terrasses et toits plats permettaient de suivre le départ et l'arrivée des chasses, qui se déroulaient souvent dans l'enceinte du domaine, grand de 5 500 hectares et enclos d'un mur de plus de 2 mètres de haut sur un périmètre de 32 kilomètres. Devenu réserve de chasse de la République en 1948, le domaine de Chambord est aujourd'hui un parc national cynégétique dont animaux et plantes permettent de repeupler bien des forêts en Europe.

② **Ce cheval dans le parc de Chambord** ne fait pas partie des animaux qui y sont laissés en liberté. Il appartient aux Écuries du maréchal de Saxe — qui produit un spectacle équestre dans l'enceinte du château tous les ans de mai à septembre —, et s'est très simplement échappé pour une cavalcade hivernale. D'autres chevaux occupent les écuries de Chambord, ceux des gardes républicaines qui y sont cantonnées.

Le faucon sacre (*Falco cherrug*) est un oiseau migrateur qui, nichant sur les bords du Danube et jusqu'en Mongolie, hiverne en Afrique noire. Il est aujourd'hui importé en France, où il est apprécié pour son endurance et sa complicité avec l'homme. L'aigle, le grand duc, l'épervier et la buse de Harris, entre autres, peuplent aussi les fauconneries depuis toujours.

Fauconnier, carnet de chasse de François Ier La fauconnerie, connue depuis plus de quatre mille ans en Arabie et en Asie, fut introduite en France par les chevaliers au retour des croisades et connut son apogée du XIe au XVIe siècle. François Ier, qui maintenait en permanence à Chambord trois cents faucons, se déplaçait en outre d'un château à l'autre avec cinq cents rapaces soignés par plus de quatre-vingts fauconniers. Louis XIV, lui, en entretenait cent soixante-quinze. Aujourd'hui, en France, quelque deux cent cinquante fauconniers maintiennent la tradition.

③ **Le château de Blois** fut, sous Louis XII, le cœur du royaume de France et le centre des grandes chasses royales. Dans le XVe siècle finissant, le roi, ne se contentant plus du sombre inconfort de l'ancienne forteresse médiévale des comtes de Blois qui se dressait sur la rive droite de la Loire, fit adjoindre à la salle seigneuriale un vaste et élégant corps de logis. Dès 1515, François Ier, à son tour, fit ajouter l'aile Renaissance, flanquée du célèbre escalier. Par les ajours de sa cage octogonale, faisant office de tribunes, dames et seigneurs assistaient au départ et au retour des chasses. De la cour d'honneur, qui n'était alors qu'une marée d'étoffes, de plumes aux couleurs chatoyantes, de croupes luisantes, de harnais précieux et de carrosses, s'élevait un brouhaha de crissements de roues, de cliquetis, de piaffements, d'aboiements et de cris. À gauche : l'aile construite au XVIIe siècle par Gaston d'Orléans.

④ **Le château de Chaumont,** sur la rive gauche de la Loire, qu'il domine, trop proche de Chambord, d'Amboise et de Blois, ne fut jamais halte de chasse royale, bien qu'il fût cerné d'immenses forêts où chassaient les rois de France. Reconstruit au XVe siècle, il fut presque toujours un château de femmes. Et de femmes chasseresses. Tôt levée, Catherine de Médicis, après un bain froid, courait le cerf avec passion dans les bois alentour. À la mort de son époux, Henri II, elle contraignit Diane de Poitiers, maîtresse de ce dernier, à lui échanger Chenonceau contre Chaumont. Les équipages de Diane, dont le plaisir était de galoper au train de la meute, succédèrent donc à ceux de la reine avant qu'elle ne se retire à Anet. Vers 1894, la princesse Marie de Broglie, qui organisait d'immenses chasses, rétablit la curée aux flambeaux sur la terrasse du château, abandonnée depuis Catherine de Médicis.

⑤ **Le château de Cheverny** ne compte pas parmi les châteaux royaux, mais les rois de France ont pendant des siècles chassé dans les forêts qui l'entourent, et la tradition de chasse à courre y est aujourd'hui bien vivante. La meute, ici en compagnie des piqueux, compte une centaine de chiens, croisements de fox-hound britanniques et de poitevins français. Si le premier chasse « à la muette », c'est-à-dire en silence, ce qui peut être un handicap pour l'orientation des chasseurs, la « gorge » du deuxième donne la voie aux chiens. Ils sont créancés pour le cerf, seul gibier des chasses de ce château. Les chiens de courre, en effet, sont dressés pour une proie spécifique. Ils ne chassent qu'en meute, et un seul animal par sortie. L'équipage de Cheverny fait une cinquantaine de sorties par an, dans les forêts de ce domaine et de Boulogne, aux environs de Chambord.

SUR LA **ROUTE** DE
NAPOLÉON

Échappé de l'île d'Elbe, Napoléon débarque à Golfe-Juan le Ier mars 1815. Vingt jours plus tard, il entre dans Paris au terme d'une folle épopée. Proscrit, haï de tout ce que l'Europe compte de puissants, il se jette en aventurier dans les Alpes, crapahute de Castellane à Gap sur des sentiers de mules. Après Grenoble, le voilà prince et roulant en berline, puis, à Lyon, l'escorte devient triomphale. L'Empereur est de retour. Il vient de mener sa plus belle campagne, regagnant son trône en moins de trois semaines.

① **Les remparts d'Antibes**
Le Ier mars 1815, sur le rivage de Golfe-Juan, non loin de là, abordent les chaloupes qui ramènent sur le sol de France l'Empereur avec sa garde, alors que les puissants d'Europe qui l'ont exilé pensent qu'il coule des jours paisibles sur l'île d'Elbe. Onze mois plus tôt, après le traité de Fontainebleau qui l'assignait à résidence perpétuelle dans son exil doré, il avait murmuré à l'un de ses proches ce simple commentaire : « Avant un an, on sera honteux d'avoir cédé au lieu de combattre [...] chacun accourra alors dans mon camp. »

Quand il débarque à Golfe-Juan le Ier mars 1814, en provenance de l'île d'Elbe, où le traité de Fontainebleau l'avait exilé un an plus tôt, Napoléon Bonaparte n'est plus qu'un fantôme d'empereur. Un monarque déchu et proscrit à qui l'on retient ses gages. L'Ogre a rongé son os. Il a consulté des cartes et des émissaires secrets, dont un gantier grenoblois, Dumoulin. Ce dernier l'a convaincu : il jouit d'un regain de popularité en France. L'homme s'était fait fort d'éclairer sa route, il a précipité la décision du retour. Les chaloupes ont déposé Napoléon sur la grève à la tombée du jour. À ses côtés, des reliques de la Garde impériale, des lanciers polonais et le fidèle Cambronne, qui l'a suivi dans sa disgrâce et part en reconnaissance. Ce millier d'hommes s'en va bivouaquer dans une oliveraie. Lui dîne et dort dans une auberge, à l'embranchement de la route de Vallauris. Le lendemain, il arrive à Cannes par la Croisette, alors un chemin littoral, campe près de l'église Notre-Dame-du-Bon-Voyage (*sic*) et croise le prince de Monaco. Sera-t-il de l'aventure ? Ah diantre, c'est qu'il rentrait chez lui. « Moi aussi », réplique Napoléon à ce passant. Le Midi provençal, royaliste, et les garnisons de la vallée du Rhône étant hostiles à l'Usurpateur, ce dernier remontera par les Alpes, un itinéraire que l'actuelle N85, la « route Napoléon », jalonnée de stèles et de plaques commémorant l'épopée, n'emprunte qu'en partie, ignorant les cols englacés qu'il fallut franchir dans le pas des mules. Car le « grand chemin » demeure en chantier, la faute aux guerres impériales qui ont vidé les caisses de l'État. La chaussée, quand elle existe, s'avère « impraticable aux canons ». On y perdra même le trésor qui sert à financer l'expédition, le fourgon le renfermant ayant versé dans un ravin. N'importe, la volonté et des bras vigoureux y suppléeront. Napoléon veut à toute force rallier le Dauphiné, province qui fut la première à porter les idéaux de la Révolution, dont il se prétend le fils. Mais l'affaire menace de capoter à chaque carrefour. À Mouans, un bedeau fait sonner le glas. Mauvais augure. Grasse est en vue, l'attendrait-on avec des piques ? Il contourne la ville et gagne les hauteurs. À l'aube, les habitants se portent à sa rencontre avec à la main des violettes, symbole de

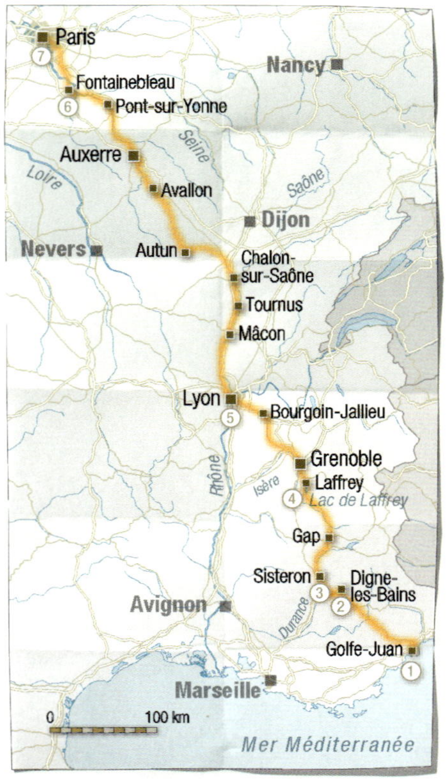

Débarquement de Napoléon à Golfe-Juan
À environ 16 h 30 ce 1er mars, Napoléon aborde avec mille hommes, laissant au mouillage ses sept bateaux, maquillés en navires marchands anglais mais qui arborent maintenant le drapeau tricolore. En mer, il a proclamé la restauration de l'Empire. « Mon entreprise a toutes les apparences d'un acte d'audace, mais elle n'est, en réalité, qu'un acte de raison. »

DE VILLE EN VILLE, **L'AVENTURIER** REDEVIENT PRINCE…

fidélité. À Paris, Louis XVIII, pris de court, tarde à lancer ses régiments aux trousses du revenant. Ce dernier en profite. Le 2 mars, après avoir péniblement gravi dans la brume le pas de la Faye, il enchaîne de Castellane à Senez en dépit du relief escarpé et d'un froid mordant. À Barrême, l'Empereur loge chez le juge de paix, qui néglige de lui présenter la note. « Je ne suis pas aubergiste, Majesté ! » lui dit-il. Évitant le tortueux tracé menant à Digne, Napoléon coupe par les sommets, rejoint La Clape *via* le col de Chaudon, à 1989 mètres, où un tavernier lui sert deux œufs à la coque pour 20 francs. Une somme ! « Les œufs sont donc si rares par ici ? » À quoi il s'entend répondre : « Les œufs, non, mais les empereurs, oui. » À Digne, le gérant des thermes lui offre un bol de lait, mais l'évêque de la cité boude ; pourtant, il lui doit sa crosse. Voici déjà Napoléon en route pour Sisteron, où il craint une embuscade des royalistes. Il emprunte la rive gauche de la Durance, mais Gap lui fait bon accueil. On l'acclame. « Enfin ! confie-t-il à l'un de ses officiers, nous voici en France. » À l'étape de Corps, une dépêche lui fait presser le pas. Il rejoint l'avant-garde car l'affaire se complique. Il ne reste que 60 kilomètres à couvrir jusqu'à Grenoble, mais dans la prairie de Laffrey, dite aujourd'hui « de la Rencontre », un bataillon du 5e d'infanterie de ligne a épaulé le fusil pour lui barrer la route. Une jouvence pour le héros du pont d'Arcole. Il n'a plus qu'à bomber le torse : « Reconnaissez-moi ! S'il est parmi vous un soldat qui veuille tuer son empereur […]. Me voici ! » Débandade dans les rangs, on fraternise. L'entrée dans Grenoble, dont la population lui ouvre les portes, fait, selon ses propres mots, « de l'aventurier un prince ». Il s'y repose « le corps et l'esprit », ayant accompli à pied, à cheval et en voiture un trajet de 324 kilomètres en six jours ! À Lyon, le 9 mars, les canuts, ouvriers des soieries, lui font cortège. La marche devient triomphale. Le 13, il est Mâcon, deux jours plus tard, Dijon l'ovationne, qui vient de chasser son maire, fidèle à la monarchie. Partout, des unités commandées par d'anciens généraux d'Empire accourent en renfort. Une calèche à six chevaux l'emporte vers Auxerre, où, le 18 mars, il rassemble les bateliers de l'Yonne et les persuade d'embarquer ses troupes sur des coches et des péniches. Le 19 mars, jour des Rameaux, Napoléon fond sur Paris comme s'il avait à mener bataille. Il galope tandis que le roi prend la fuite dans la nuit. Dernier jalon, Fontainebleau, qui avait vu l'Empereur faire ses adieux aux grognards de la vieille garde le 20 avril 1814. Il y passe, monté sur son persan à robe blanche, Tauris. Dans la capitale, le drapeau tricolore est hissé au sommet de la colonne Vendôme et des Invalides. Dans la soirée du 20 mars, Napoléon gravit l'escalier des Tuileries. L'Aigle a retrouvé son aire.

② **Digne** L'Aigle a pris son envol. Fuyant la Provence, qui lui est hostile, et évitant la vallée du Rhône, aux mains des royalistes, Napoléon s'engage vers Grenoble par les Alpes. Sur des routes inachevées, des pistes éboulées, glacées, quasi impraticables, la troupe, qui avance péniblement dans la neige, est ici, le 4 mars, saluée par quelques timides : « Vive l'Empereur ! »

③ **Sisteron,** où passe la troupe impériale, le 5 mars, à marche forcée. Depuis Digne, la route de la vallée de la Bléone, d'abord, puis celle qui longe le large lit de la Durance ont grandement facilité l'avancée, menée au rythme stupéfiant de 50 à 60 kilomètres par jour. Le soir même, l'étape Sisteron-Gap sera franchie. « Enfin ! Nous sommes vraiment en France », s'exclame alors l'Empereur, qui sait le Dauphiné pays acquis. Les paysans d'ici, en effet, n'ont pas oublié les mesures prises avec succès par Bonaparte pour élever leur niveau de vie. « Vous êtes notre sauveur ! », lui disent-ils. Alors, il s'enhardit et, comme par le passé sur les champs de bataille, il enflamme les foules. Ses formules sont lapidaires : « Un roi féodal ne peut plus convenir à la France, il lui faut un souverain sorti de la Révolution. Et ce souverain, c'est moi ! », clame-t-il, galvanisant son public.

④ **Sur la rive du lac de Laffrey,** où il passe le 7 mars peu avant midi, Napoléon joue son va-tout avec son audace habituelle. Cinq cents soldats du 5e d'infanterie de ligne l'attendent, au nom du roi, en embuscade. Immédiatement, il leur dépêche son aide de camp avec le message suivant : « L'Empereur va marcher vers vous. Si vous faites feu, le premier coup sera pour lui. Vous en répondrez devant la France. » Et bientôt, après une fausse manœuvre, c'est dans le désarroi que les embusqués voient avancer vers eux, seul dans sa modeste redingote grise, celui qu'ils reconnaissent sur-le-champ et qui leur dit : « Soldats du 5e, reconnaissez-moi. S'il est parmi vous un seul homme qui veuille tuer son empereur, il peut le faire, me voilà ! » À un instant de stupeur succède un fol enthousiasme, et au cri de « Vive l'Empereur ! » tous se précipitent vers lui.

UN CHARISME À L'ÉPREUVE DES SIÈCLES

Avec Jeanne d'Arc, Napoléon Bonaparte compte parmi les trois ou quatre figures les plus charismatiques de l'histoire de France. Il fut adoré ou haï, mais jamais il ne laissa indifférent. Parmi ses contemporains, les plus acharnés de ses détracteurs — tel l'écrivain et diplomate Chateaubriand, à la plume féroce — le traitaient d'usurpateur et de tyran sanguinaire, mais toujours lui reconnurent de la grandeur. Ses armées l'idolâtraient, et une bonne partie du petit peuple français, pour qui il représentait à la fois un bienfaiteur et le garant de l'ordre, l'appelait « notre père ». On cherchait à le toucher, à effleurer ses vêtements, comme s'il se fut agi de talismans. « On s'arrache les gravures, bustes, cannes et tous objets à l'effigie de Napoléon devenu "symbole, fétiche, dieu pénate" », rapporte l'historien Henry Houssaye dans son volume sur la chute de l'Empire publié en 1888. Si l'Empereur se chargeait lui-même de dresser ses propres arcs de triomphe, là où il passait fleurissaient des plaques, des aigles, des statues pour commémorer l'événement, fut-il fort modeste, comme celui annoncé par une pierre gravée en provençal à Volonne, peu avant Sisteron : « Eichou lou 5 mars 1815 Napoléon Ier P x P »... Passa et pissa. Le charisme napoléonien a traversé les siècles. Aujourd'hui encore, on le sait, les inconditionnels admirateurs et détracteurs — simples citoyens, historiens ou associations — sont légion. Les commémorations en costumes d'époque qui fleurissent partout où le grand homme est (ou même serait) passé rythment le calendrier des festivités saisonnières. C'est dans cet esprit qu'en 1932, avec l'apparition du tourisme, la route nationale 85 fut baptisée « route Napoléon » de Golfe-Juan à Grenoble, elle qui allait pourtant jusqu'à Bourgoin-Jallieu, à 65 kilomètres plus au nord. Elle est jalonnée, de part en part, de stèles, de plaques et de monuments. « Quand le tourisme rejoint l'Histoire », annonce, à l'entrée sud de Gap, une grande carte de cette route Napoléon dont les légendes sont en trois langues. C'est pour développer largement cette profession de foi qu'a été, aujourd'hui, créée l'ANERN (Action nationale des élus pour la route Napoléon).

En haut : à Digne, cette plaque commémorative est apposée à l'entrée de la ville, là où entrèrent l'Empereur et sa garde, venant de l'étape de Barrême. Ils y parvinrent à pied avec juste mulets et chevaux tenus par la bride, l'escarpement des pistes gelées par une fin d'hiver rigoureux les ayant contraints à abandonner canons et berlines.
Ci-contre : à Juan-les-Pins, où figure cette mosaïque, l'Aigle prit son envol vers la capitale, passant d'abord par Cannes après le débarquement et un premier bivouac de quelques heures.

À la clue de Séranon plane l'ombre de l'empereur, qui y passa avec sa troupe dans une tempête de neige le 2 mars. Les fabricants du digestif bien connu qui a pris pour emblème la célèbre silhouette représentée sur cette façade furent les précurseurs d'une foule d'industriels qui, sous des graphismes variés, se l'approprièrent pour vendre produits et objets les plus divers. Ainsi, sous l'égide de l'ANERN, dont le logo représente un aigle, pots de faïence et collections d'assiettes dont les décors retracent toutes les étapes du « vol de l'Aigle » offrent aux voyageurs une vision panoramique de l'épopée. Depuis le début du XXe siècle, plusieurs industriels de Grasse s'étaient déjà, eux aussi, « mis au parfum » en vendant, dans de jolis flacons à l'effigie de Napoléon, des essences de violette, modeste fleurette qui, à la cour impériale, était symbole de fidélité.

L'arrivée de Napoléon à Grenoble dans la soirée du 7 mars, à la lueur des torches, se déroule dans une atmosphère confinant au délire. Au 5e de ligne, rallié au lac de Laffrey, vient s'adjoindre le 7e sous le commandement de La Bedoyère, bouillant et intègre jeune colonel écœuré des trahisons et de la déliquescence d'une monarchie sur le déclin. À la petite armée des arrivants se joignent en courant les soldats de la place, au grand dam du général Marchand, qui, ne parvenant pas à endiguer le flot des désertions, fait fermer les portes de la cité. Ces dernières sont forcées devant l'Empereur, ensuite porté en triomphe jusqu'à l'hôtel des Trois-Dauphins où, bientôt, des débris de bois lui sont remis accompagnés de ces paroles : « Nous n'avons pu t'offrir les clés de ta bonne ville de Grenoble ; mais en revanche, voilà les portes. » Il en est certain désormais, « l'Aigle volera de clocher en clocher jusqu'aux tours de Notre-Dame ».

⑤ **Lyon,** comme Grenoble, où il s'est arrêté durant trente-six heures, offre à l'Empereur un accueil triomphal. Avec des milliers de paysans, son avant-garde pénètre dans la cité le 10 mars vers 14 heures ; elle y est rejointe par des centaines de canuts (ouvriers de la soie), qui n'ont pas oublié l'essor donné à leur métier par les fastueuses commandes de la cour impériale au temps de sa splendeur, et que le retour de la monarchie a mis à mal. À cette foule s'ajoutent, ici aussi, les soldats qui désertent les rangs royalistes, au point que leurs généraux, dont le futur Louis-Philippe, sont contraints de fuir en toute hâte. Lorsque Napoléon arrive, vers 21 heures, de la foule en liesse, massée dans toute la ville, monte une immense clameur. L'Aigle ne reprendra son vol vers Paris que le 13 mars. Et tandis que dans la capitale la monarchie s'effondre, que Louis XVIII prépare son départ, Napoléon commence déjà à réorganiser l'Empire.

⑥ **Forêt de Fontainebleau** C'est à marche forcée que Napoléon et sa suite traversent Fontainebleau en ce lundi 20 mars 1815. Depuis Lyon, où il a deviné l'imminente désertion de Louis XVIII, il a encore fait accélérer le rythme : Autun le 15, Avallon le 16, Auxerre le 17. Peu après minuit, cette même nuit, il lève le camp de Pont-sur-Yonne pour parvenir à ces forêts qu'il affectionne dans la matinée. Le roi, ça y est, a quitté Paris à près de minuit la veille, il l'apprend non loin du château bien-aimé où, voici onze mois jour pour jour, en empereur déchu, il avait fait ses adieux à la garde dans la cour du Cheval-Blanc. Ce soir, il dormira aux Tuileries à nouveau ! Le début de printemps brumeux saupoudre à peine de vert tendre les arbres alentour. Lorsqu'ils auront pris les teintes automnales que l'on voit ci-dessous, la magie de cette fantastique épopée sera déjà bien loin.

⑦ **Le jardin des Tuileries** Passant par le bord de Seine, le 20 mars vers 21 heures, la berline de Napoléon Ier file vers son palais, aujourd'hui démoli. L'accueil de Paris a été mitigé, mais des milliers de gens l'acclament près de l'arc de triomphe du Carrousel (ci-dessous). « l'Empereur avait été entouré, saisi, enlevé et porté à bras jusque dans les salons. Ceux qui l'avaient porté étaient comme fous », lit-on dans les mémoires du général Thiébault. Son fidèle aide de camp Lavalette le relatera : quelques instants plus tard, le précédant dans l'escalier, à reculons « à une marche de distance », en larmes, il ne parvient à dire que : « Quoi : C'est vous ! C'est vous ! C'est enfin vous ! » Napoléon monte lentement, mains tendues « comme un aveugle », yeux clos, un demi-sourire aux lèvres... Après que les portes de ses appartements se sont refermées, la foule enfin se disperse. La partie qui l'attend maintenant, il le sait, est loin d'être gagnée.

Sur la route du sel Texte et légendes de Marianne Boilève

Sur la route de la soie Texte et légendes d'Eve Sivadjian

Sur la route de la marée Texte et légendes de Colette Gouvion

ROUTES DES **MARCHANDS**

SUR LA **ROUTE** DU
SEL

Les routes du sel se comptent par centaines… En France, celles du Midi sont sans doute les plus anciennes. Qu'elles prennent naissance au bord des marais salants du Roussillon ou de Camargue, ou des salins de Provence, elles convergent en douceur vers la basse vallée du Rhône pour remonter vers les provinces du Nord. Rebaptisé « fleuve à sel », le Rhône a ainsi permis aux gens des régions septentrionales de goûter, des siècles durant, l'indispensable sel de la vie…

① **L'étang de Canet** a longtemps fourni un sel marin très réputé. Au XVIIe siècle, le rattachement du Roussillon à la France sonne pourtant le glas de l'exploitation : afin de prévenir tout risque de fraude, le roi ordonne sa fermeture. Alimenté par la mer et de nombreux cours d'eau, l'étang du Canet n'en continue pas moins d'attirer les hommes… et la faune sauvage. Il abrite quantité de poissons et plus de deux cent trente espèces d'oiseaux, migrateurs ou hivernants. Dès la mi-février, on peut y observer le héron pourpré, la foulque macroule, l'échasse blanche et le flamant rose…

Denrée rare et précieuse, le sel est recherché pour ses vertus condimentaires et conservatrices depuis des temps immémoriaux. Dans les régions qui en sont naturellement pourvues, les hommes se sont très tôt ingéniés à l'extraire des marais salants et des mines, voire à faire bouillir les eaux salées à leur disposition. Ailleurs, il a bien fallu se résoudre à partir en quête de l'indispensable élément… Les premières routes du sel sont donc très anciennes. Certaines remontent à l'âge du bronze. En France, c'est avec l'arrivée des Phocéens à Marseille, vers le VIe siècle avant Jésus-Christ, que les courants d'échanges ont commencé à s'organiser. Naturellement très productifs, les salins de Camargue, d'Hyères ou de l'étang de Berre étaient alors fort réputés. Il faudra cependant attendre la conquête romaine pour que le sel devienne un véritable enjeu, tant économique que politique. César l'a bien compris, qui fondera la puissance impériale en grande partie sur les marais salants gaulois, à commencer par ceux du Midi. Un vaste réseau de *viae salariae* (« voies du sel ») verra ainsi le jour, sillonnant la Gaule et l'Empire. Berceau de l'économie salinière gallo-romaine, les salins du littoral méditerranéen sont les premiers à avoir été exploités à grande échelle. Du Canet-en-Roussillon, près de Perpignan, jusqu'aux salins d'Hyères, sur la côte varoise, ils ont façonné un paysage unique. Aujourd'hui encore, ces lagunes saumâtres s'étendent à perte de vue, émaillant la côte de miroirs d'argent froncés par la brise marine. Peu sont encore en activité, mais tous conservent les traces de leur passé salinier. Les sols, encore blancs de sel par endroits, réfléchissent lumière et chaleur. Ailleurs, là où la nature a repris ses droits, la salicorne émergée donne au paysage des allures de brousse marine. Coussins d'obiones, radeaux de salicornes et berges sablonneuses abritent des milliers d'oiseaux marins attirés par l'abondance de la nourriture et la tranquillité des lieux, propice aux amours. Salses, Sigean, Ayrolle, Nissan, Agde, Mauguio, Aigues-Mortes, Vaccarès, Giraud, Fos, Berre ou Hyères, entre autres, une myriade de salins émaille la côte méditerranéenne. Installés au bord des étangs littoraux, non loin des ports ou des fleuves, ils étaient autrefois exploités selon un procédé fort

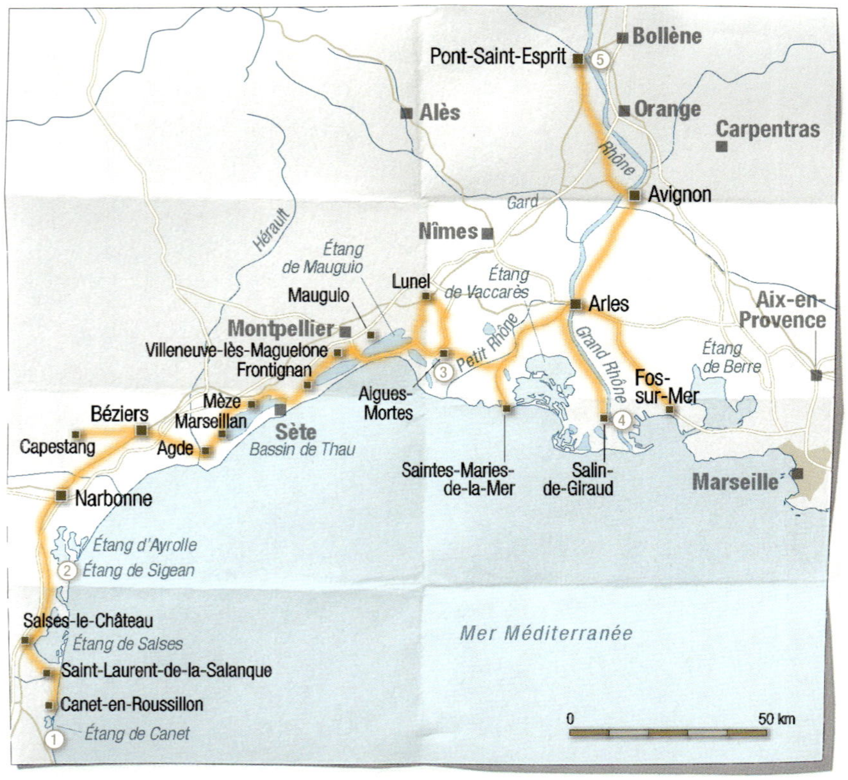

proche de celui utilisé aujourd'hui. À la différence des salins du littoral atlantique, qui bénéficient du mouvement naturel des marées, ceux du Midi doivent être mis en eau. L'opération débute en mars ou en avril, lorsque les pluies de printemps s'estompent et que l'évaporation solaire se fait intense. L'eau pompée en mer est conduite par les sauniers vers des bassins de décantation, où elle se concentre peu à peu en sel sous l'action conjuguée du soleil et du vent. Récolté à la fin de l'été, le sel est entreposé au bord des marais salants. Longtemps, les sauniers ont comparé ces montagnes de sel à la blancheur éclatante aux bosses des chameaux, d'où leur nom de « camelles ». Une fois récolté, le sel est mis à l'abri des intempéries, la pluie risquant de provoquer de grosses pertes par dissolution. Le précieux condiment était autrefois acheminé des lieux de production vers de vastes entrepôts, promus « greniers à sel » avec l'instauration de la gabelle (impôt sur le sel) au XIIIe siècle. Effectué sous la surveillance des gabelous (commis de la gabelle) à partir du XIVe siècle, le transport, quand il ne se faisait pas par voie d'eau, était assuré par des convois de mules, de chars à bœufs ou d'attelages de chevaux. Première étape sur la longue route du sel, l'entrepôt était le privilège de quelques rares cités. C'est ainsi que Lunel, qui centralisa la production salinière du Languedoc oriental jusqu'au XIIIe siècle, connut son heure de gloire au Moyen Âge, se payant le luxe de faire creuser son propre canal au beau milieu des marais… Nombre de villes rhodaniennes, comme Arles, Beaucaire, Avignon, Pont-Saint-Esprit ou Valence, siège du plus important grenier à sel du Dauphiné, en profitèrent mieux encore. Le sel du Midi devant rejoindre les grands centres de consommation septentrionaux, et donc emprunter le fleuve, elles imaginèrent mille astuces pour profiter de la manne saunière. Cette opulence permit la construction de monuments, de quais de pierre, de ponts, de portes monumentales… Arles fit argument de sa position stratégique à la confluence du Petit Rhône et du Grand Rhône pour imposer un système de transport en direction d'Aigues-Mortes. Beaucaire et Tarascon exploitèrent leur situation de carrefour entre Provence et Languedoc… Conditionnement, pesage, batellerie, droits de péage et taxes diverses, tout était bon ! Dans chacun de ces ports, le sel arrivait et repartait sur de grands navires à fond plat appelés *londe, carrata, caupol, barca* ou *sapine* selon les tonnages et les époques. Chargés de 30 à 100 tonnes de sel, ces bateaux étaient la plupart du temps tirés par des hommes ou des chevaux qui, durant des siècles, remontèrent sans les voir les rives sauvages du fleuve, tournant le dos à la lumineuse Camargue pour s'enfoncer dans les profondeurs et les brumes des terres septentrionales.

UN ITINÉRAIRE **SOUS TRÈS HAUTE** SURVEILLANCE

② **L'étang de Bages-Sigean,** vestige du golfe de Narbonne, a longtemps alimenté les salins de Sigean. En 1596, quand Henri IV fait noyer la plupart des salins du Languedoc afin d'arrêter la contrebande du sel, ceux de Sigean, comme ceux de Peyriac et d'Aigues-Mortes, sont épargnés… L'exploitation salinière s'est arrêtée en 1967, mais le site conserve toute sa richesse écologique.

③ **Les salines d'Aigues-Mortes**, exploitées depuis l'Antiquité, n'ont jamais cessé leur activité. Autrefois, le sel y était récolté à la main, puis stocké sous forme de dômes appelés « camelles » en raison de leur ressemblance avec les bosses des chameaux. En 1867, la première machine à vapeur destinée à actionner un moulin à sel fait son apparition. Ainsi débute la mécanisation de la production.

③ **Aigues-Mortes** La légende attribue à Peccaius, légionnaire des armées de César, la création d'un premier salin au milieu de lagunes d'« eaux mortes ». Après les invasions barbares, la production de sel connaîtra un bel essor grâce au travail des moines de l'abbaye de Psalmodie. Au milieu du XIIIe siècle, soucieux d'accéder à la Méditerranée pour ses croisades (mais aussi de prélever la gabelle…), Saint Louis achète une partie des terres de Peccais à l'abbaye et fait construire le port et la tour de Constance : Aigues-Mortes est née. Philippe le Hardi, fils et successeur de Saint Louis, achèvera l'œuvre de son père en ordonnant la construction de remparts autour de la ville. Le destin des salins de Peccais ne tardera pas à être intimement lié à celui de la ville : acquis par Philippe le Bel en 1290, ils vont très vite se développer et constituer une substantielle source de revenus pour la monarchie…

③ **Les marais salants d'Aigues-Mortes** sont les plus grands salins d'Europe avec ceux de Giraud. D'une superficie de près 11 000 hectares, ils s'étendent sur quatre communes : Aigues-Mortes, Le Grau-du-Roi, Saint-Laurent-d'Aigouze et Saintes-Maries-de-la-Mer. Sillonné par des centaines de kilomètres de digues, de routes et de chemins, le salin d'Aigues-Mortes produit chaque année 500 000 tonnes de sel de mer de qualité alimentaire. L'exploitation démarre en mars, avec la mise en eau du salin. L'eau, pompée en mer, circule de bassin en bassin sous la conduite des sauniers et se concentre en sel sous l'effet du soleil et du vent. Au terme d'un cheminement de 60 à 80 kilomètres, le sel se dépose sur des tables salantes et les eaux dites « mères » sont évacuées. À la fin de l'été, avant les fortes pluies d'automne, la récolte commence. Le « gâteau » de sel est alors délicatement levé, stocké en « camelles », puis lavé avant d'être conditionné.

④ **Les salins de Giraud,** sur la rive droite du Grand Rhône, sont exploités depuis le Moyen Âge. Leur développement industriel remonte à la fin du XIXe siècle, lorsque la société Henry Merle, ancêtre du groupe Pechiney, fit l'acquisition de milliers d'hectares de marécages qu'elle transforma en salins. Contrairement à celui d'Aigues-Mortes, le sel de Giraud n'est pas destiné à l'alimentation, mais à l'industrie chimique. À l'époque en effet, les savonneries de Marseille, gourmandes en cristaux de soude, et donc de sel, sont en plein essor. De 30 000 à 40 000 tonnes à l'origine, la production de sel connaîtra des fortunes diverses, jusqu'à atteindre une capacité moyenne de 340 000 tonnes par an. Entreposées au bord de l'eau, les « camelles » de sel offrent toujours un spectacle surprenant, leur blancheur se dissolvant, en fin de journée, dans les teintes rose orangé du soleil couchant.

④ **Au domaine de la Palissade,** à un coup d'aile des salins de Giraud, où la présence humaine s'estompe, la nature sauvage reprend ses droits. Dans un décor de lagunes et d'étangs, tamaris, joncs, scirpes et roseaux poussent en bonne intelligence. Cette somptueuse zone humide, soumise aux influences croisées de la mer et du Rhône, abrite une faune d'une incomparable richesse. Les eaux saumâtres attirent loups, anguilles, muges, aloses et autres lamproies, ce qui intéresse nombre d'oiseaux... Des colonies de hérons, d'aigrettes et de flamants roses ont trouvé refuge au bord des plans d'eau, laissant les vasières aux limicoles, qu'ils soient bécasseaux, échasses, chevaliers ou avocettes. Haut lieu d'hivernage pour les canards (colverts, siffleurs, sarcelles...), le site est également terre de cavalcades pour une vingtaine de chevaux camarguais, qui pâturent en toute liberté dans ce paradis de prairies humides.

LES SALINS D'HYÈRES RENDUS À LEURS MERVEILLES NATURELLES

Situés dans le Var, les salins d'Hyères concluent le chapelet de marais salants qui frange le littoral méditerranéen français. Ce sont sans doute les Grecs, puis les Romains, qui y ont aménagé les premières tables salantes. Au Moyen Âge, devenus propriétés des monastères de Montmajour à Arles et de Saint-Victor à Marseille, les salins s'étendent sur cinq zones entre Saint-Nicolas-de-Mauvanne (actuels Vieux Salins), Maufanguet, l'Almanarre et le « cul de Giens ». Leur localisation à l'écart de la route du sel de Camargue ne gêne en rien leur développement. Au XIIIe siècle, la production, allouée aux fermiers du comte de Provence, est même si abondante qu'elle porte ombrage aux salins de Peccais, propriété du souverain de France. Afin d'éviter les conflits, un traité répartissant les zones de vente du sel est conclu en 1301 : le sel camarguais de Philippe le Bel remontera le cours du Rhône, tandis que celui d'Hyères sera transporté par mer vers Gênes et Pise, mais aussi Fréjus, Canne et Nice, d'où il gagnera l'arrière-pays provençal à dos de mulets. Au milieu du XIXe siècle, les salins d'Hyères connaissent un nouvel âge d'or. Deux commerçants de Toulon achètent un étang de pêche enserré entre les bras sablonneux de la presqu'île de Giens, les Pesquiers, et transforment la lagune en un immense salin de 550 hectares. Ils produiront bientôt 20 000 tonnes de sel par an… Cette concurrence inédite oblige la Compagnie des salins du Midi, propriétaire des Vieux Salins, à moderniser et à restructurer son exploitation. La récolte sera mécanisée tout au long du XXe siècle. En 1966, les Salins du Midi rachètent le site des Pesquiers et arrêtent l'exploitation des Vieux Salins. Arguments économiques en main, la Compagnie, après un dernier baroud d'honneur amorcé en 1984, arrête complètement la production salinière en 1995. Acquis peu après par le Conservatoire du littoral, les salins d'Hyères appartiennent désormais à l'histoire, mais ils demeurent l'un des paysages naturels les plus remarquables des côtes méditerranéennes de France.

Ci-contre : les Vieux Salins d'Hyères, qui longent le littoral sur près de trois kilomètres, surprennent par leur découpage irrégulier et leur diversité paysagère. Malgré l'arrêt de la production salinière, la gestion hydraulique de cette somptueuse zone humide perdure, ce qui favorise la biodiversité : plus de cent dix espèces d'oiseaux s'y retrouvent pour hiverner ou pour nidifier. Flamants roses, mouettes rieuses, goélands, sternes naines et gravelots sont nombreux à se délecter des spécialités locales : vers et petits crustacés marins…

Ci-dessus : la presqu'île sauvage de Giens est reliée au continent par deux dunes de sable de 4 kilomètres de long, entre lesquelles s'étendent des eaux saumâtres. Depuis l'arrêt de l'exploitation salinière, en 1995, le milieu naturel évolue en écosystèmes d'une grande richesse écologique. Roselières et sansouires, où poussent les salicornes émergées, abritent une multitude d'oiseaux. Flamants, échasses blanches, avocettes, gravelots à collier et autres tadornes de Belon trouvent là quantité de poissons et d'invertébrés. Quoique clairsemée, la flore est riche de végétaux rares et protégés, comme le chardon bleu, le tamaris africain ou les sérapias, une famille d'orchidées.
Ci-contre : les salins d'Hyères, carte postale.

La pesée du sel Avec l'apparition de la gabelle et le contrôle de l'État sur le commerce du sel, le « grenier à sel » se transforme en un véritable édifice fiscal. C'est là que le précieux condiment est entreposé, pesé et stocké. Les sauniers y apportent leur récolte et les consommateurs viennent s'y approvisionner, autrement dit acquitter les taxes. Le pesage était donc une étape capitale : du poids du sel dépendait l'impôt… Si la gabelle fut abolie en 1790, l'État continua de taxer le sel jusqu'en 1946.
Le Grand Rhône La route du sel a très tôt emprunté la voie fluviale. Des siècles durant, le sel camarguais a ainsi été expédié vers Lyon, la Savoie et la Suisse *via* le Rhône, rebaptisé le « fleuve à sel » tant il en circulait dessus… Conditionné en sacs, le sel était chargé sur des embarcations à fond plat, qui étaient ensuite halées par la seule force des hommes ou des bêtes de trait. Au milieu du XIXe siècle, les bateaux à vapeur mettront fin à ce « tirage du sel », avant d'être détrônés à leur tour par le train.

⑤ **Pont-Saint-Esprit** De tous les entrepôts de sel situés au bord du Rhône, celui de Pont-Saint-Esprit était sans doute l'un des plus importants. Située au carrefour du Languedoc, de la Provence, du Vivarais, du Dauphiné et du Comtat venaissin, la petite ville gardoise contrôlait en effet tout le commerce de la basse vallée du Rhône, à commencer par le négoce du sel… Au Moyen Âge, c'est par elle que transitaient les convois de sel acheminés vers l'Auvergne, le Dauphiné et la Savoie. Son « grenier » percevait à lui seul près du tiers des revenus des dix-sept greniers alors en activité ! À la fin du XIVe siècle, arguant de l'entretien du célèbre pont (919 mètres de long) construit un siècle plus tôt, une fraternité laïque impose une taxe spéciale sur le passage du sel : le « petit blanc ».

SUR LA **ROUTE** DE LA **SOIE**

Trois siècles avant Marco Polo, les marchands de Venise approvisionnaient déjà l'Europe occidentale en épices, joyaux et soieries, précieuses « sarasèneries », en partie depuis Limoges, où ils établirent leur « bource » au Xe siècle. De la future Sérénissime à la rayonnante capitale limousine, chariots, caravanes de mules et coursiers à pied transportaient ces merveilles sur divers chemins, dont la voie romaine qui passe au col du Lautaret, traverse les Alpes, le Rhône et l'Auvergne. Une somptueuse route de la soie…

① **Le col du Lautaret,** l'un des points les moins élevés de la région (2 058 mètres) avec le col du Montgenèvre au sud (1 850 mètres), a toujours été une voie de passage entre Piémont et vallée du Rhône. Au Moyen Âge, toutes sortes de voyageurs et de transporteurs fréquentèrent la route stratégique romaine reliant les deux cols pour gagner *Lugdunum*, Lyon, sans passer par la côte. Venant directement de Venise par la plaine du Pô, les marchands de soieries, d'épices et autres denrées précieuses préféraient souvent cette route terrestre à la voie maritime, les taxes sur les denrées qu'ils importaient y étant moins élevées.

Une rue des Vénitiens à Limoges. Des saints limousins, Martial et Léonard, vénérés à Venise. La mention d'un reliquaire offert par la Sérénissime à l'abbaye de Saint-Martin de Limoges. Une abbaye, celle de Lartige, fondée par des seigneurs vénitiens. D'indiscutables indices dans la Cité des Doges, des jalons dans la plaine du Pô, des traces dans les Alpes, à Lyon, à Thiers… Peu à peu surgit du passé cette route oubliée, celle des marchands de Venise qui, dès la fin du Xe siècle, achemina tout le luxe de l'Orient acheté dans les ports du Levant par caravanes de mules, voitures, porteurs à pied et barges légères jusqu'à Limoges, où « il y avait affluence […] pour avoir ces denrées ». Limoges, au carrefour des grandes routes vers l'Espagne, Paris, Saint-Denis et la Champagne, Limoges où s'approvisionnaient les pays du Nord. Ainsi s'essaimaient dans toutes les cours d'Europe et dans les évêchés le poivre du Kerala, le gingembre, la cannelle, les encens d'Arabie, le sucre d'Égypte et autres épices vendues à prix d'or, les soieries de Bagdad, de Damas, de Mossoul, les rubis d'Arménie et les bijoux de Byzance. En ce haut Moyen Âge, les marchands vénitiens jouissaient déjà d'une flotte maritime importante qui, sans être encore formée des célèbres *mude*, trains de galères, acheminait d'ordinaire le gros des denrées. Pourtant, selon les *Annales manuscrites de Limoges* (1638), des « trafiquants vénitiens » furent amenés un temps, vers 989, à abandonner le transport de marchandises par la mer pour convoyer à travers la France les produits destinés aux pays du Nord. Pour cela, ils créèrent des comptoirs tout au long des itinéraires empruntés par leurs caravanes commerciales, et notamment un grand dépôt à Limoges, non loin de l'abbaye Saint-Martin. L'un de ces itinéraires venait d'Aigues-Mortes, où, malgré tout, débarquaient leurs navires. L'autre route, terrestre sur tout le parcours, menait en droite ligne de l'Adriatique à la capitale limousine. C'est au Montgenèvre que les marchands abordaient les Alpes, faisant halte à Briançon pour parvenir au col du Lautaret, où ils rejoignaient la route construite par les Romains mille ans plus tôt pour gagner Lyon depuis la péninsule. Il convient ici de rappeler que les routes étaient encore les voies romaines, dont le

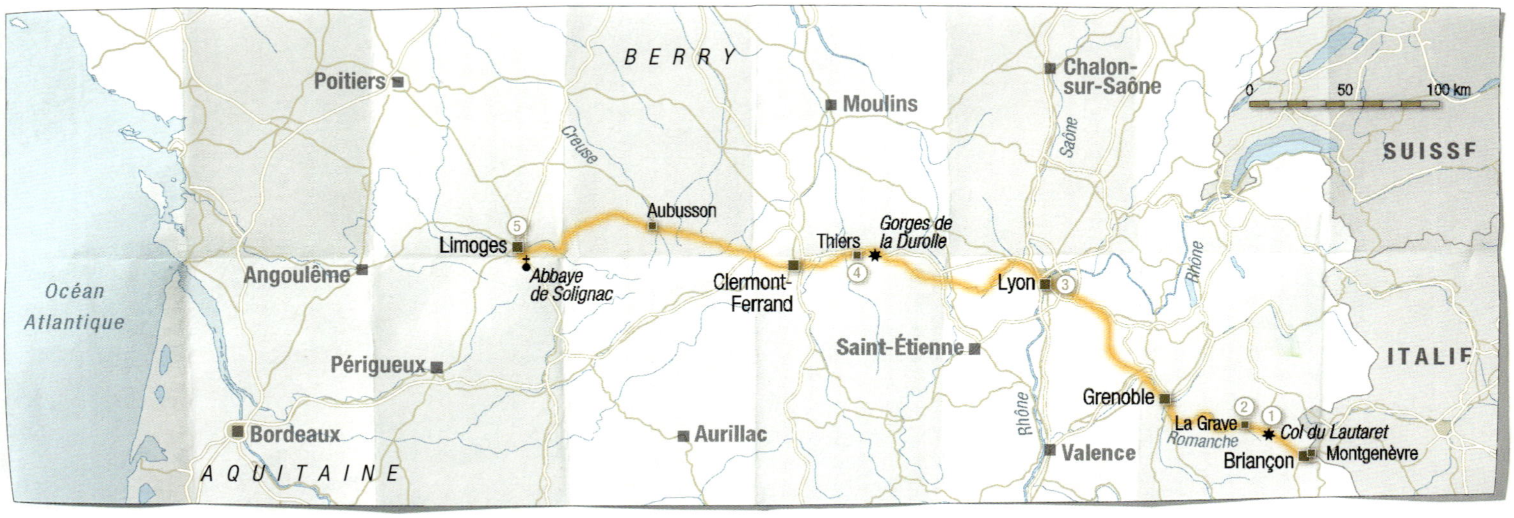

réseau magnifique desservait la France mais n'avait reçu aucun entretien depuis des siècles. Les haltes et les relais avaient disparu depuis longtemps, et avec eux de nombreuses bornes milliaires jalonnant le bord des chaussées, désormais dévastées. Les voyageurs qui, arrivés au Lautaret avec leurs marchandises, avaient déjà parcouru quelque 500 kilomètres depuis Venise, en avaient encore autant devant eux, dans des conditions plus dures car ils quittaient les plaines du Pô pour les pistes à demi éboulées du Briançonnais et de la vallée de la Romanche. Jusque-là, les convois rapides avaient pu atteindre des moyennes de 40 à 60 kilomètres par jour. En montagne, l'avancée se faisait au pas très lent des attelages de bœufs, sobres et au pied plus sûr que les chevaux — qu'ils remplaçaient pour tirer les chariots —, parfois encordés dans les intempéries sur les descentes abruptes. Parmi les Vénitiens qui commanditaient ces transports, il y avait de petits et de moyens commerçants, mais la plupart étaient des négociants organisés en compagnies aux jalons bien établis tout au long de la route, avec des relais, des entrepôts et même des petites barges mises à disposition pour franchir une rivière ou en suivre le cours jusqu'à l'étape suivante. Après la vallée de la Romanche, la ville de Grenoble, où ils s'arrêtaient peu, se hâtant vers Lyon où les attendaient entrepôts et accointances. Enfin, ils prenaient plein ouest la route de Thiers par la Brévenne, longeant le nord des monts du Lyonnais puis du Forez, avant Clermont-Ferrand. Tout au long du chemin, les embuscades de brigands faisaient partie de l'aventure. Pour éviter le pillage, il n'y avait que deux solutions : soit aller à pied seul ou en très petit comité et feindre la pauvreté, en manteau tout râpé aux doublures cousues de joyaux, soit, pour les denrées pondéreuses, comme les pièces de soierie, former de grandes caravanes de vingt à quarante mules avec au moins autant d'hommes, des chariots et une bonne escorte, dont seule une petite armée pouvait avoir raison. Cela arrivait parfois car, sur 500 kilomètres en France, les terres traversées, fussent-elles en pleine montagne, appartenaient toujours à quelque seigneur ou à quelque bourgade, souvent en guerre avec un voisin. Il fallait montrer patte blanche, se munir de sauf-conduits, payer d'éventuelles rançons, s'acquitter des péages, des droits d'entrée sur les marchandises, des taxes sur les ventes... Enfin, après quinze jours de voyage dans les montagnes et les vallées françaises, se profilait Limoges !

LES CHEMINS **DES MARCHANDS** DE LA SÉRÉNISSIME

② **Le village de La Grave,** lové au pied du massif de la Meije (ici, la face nord), est le passage obligé de cette haute vallée de la Romanche. Il est situé à 10 kilomètres du col du Lautaret, et sa rue principale vit passer au Moyen Âge bien des trains de mules, des attelages de bœufs et des porteurs à pied. La plupart faisaient halte ici avant de poursuivre sur cette chaussée romaine, encore visible à Rochetaillée. L'affluence était constante de juin à fin septembre. La route étant en partie interdite par les intempéries le reste de l'année, colporteurs et marchands se hâtaient de rebrousser chemin pour rentrer en Piémont dès la fin des grandes foires d'automne, qui se tenaient juste après vendanges et moissons à Lyon, à Limoges, à Saint-Denis ou en Champagne.

③ **Le vieux Lyon** — ici le quartier Saint-Jean, dont la cathédrale fut construite du XIIe au XVe siècle —, s'étend des collines de Fourvière à la Saône, face aux quartiers médiévaux de la presqu'île, articulés autour de la rue Mercière. Entre les deux, une grande animation commerciale régnait au Moyen Âge. S'il est probable que les marchands vénitiens, dans leur halte lyonnaise, n'aient pas connu les demeures et la superbe tourelle de cet exceptionnel ensemble Renaissance, l'un des plus vastes d'Europe, ils ont à n'en pas douter circulé dans les célèbres « traboules », plus anciennes encore. Ces passages couverts, voûtés d'ogives, qui, traversant les maisons, relient les rues parallèles — d'où leur nom, issu du latin *trans ambulare*, « marcher à travers » —, sont tous perpendiculaires à la Saône, sur les deux rives. Ainsi, négociants et artisans pouvaient communiquer et acheminer rapidement leurs marchandises.

Ces marchands de soieries présentent dans leur échoppe des étoffes précieuses, dont les noms vénitiens, souvent déformés du chinois ou de l'arabe, nous sont familiers : *satin* provient du chinois *tsent hung* via l'arabe *zaïtung* ; *tafta*, soie souple et brillante, vient de l'arabe *taftah* ; la si légère gaze se nomme *garza* à Venise, et la mousseline — qui provient du royaume de Mossoul où, selon Marco Polo dans son impressionnant récit de voyage connu sous le nom de *Livre des merveilles*, « on tisse cette étoffe d'or et de soie » —, *mussolina*... Sans doute y a-t-il ici, dissimulée dans l'arrière-boutique à l'attention des clients de haut rang, quelque belle pièce de brocart d'or de Damas, appelée *camocato* par les marchands de la Sérénissime. Ces étoffes tissées au fin fond de l'Asie avaient voyagé sur 7 000 à 8 000 kilomètres en moyenne avant de parvenir dans les cités du royaume de France, entre les mains des détaillants.

Les trois sortes d'amitié, selon Aristote Cette enluminure du XVe siècle illustre l'amitié analysée par le philosophe grec vers 340 avant Jésus-Christ dans *l'Éthique à Nicomaque* (livres 8 et 9). Tandis que Platon condamnait le commerce, Aristote, lui, y était favorable. Il fut fort prisé au Moyen Âge, époque où se multiplièrent foires et échanges internationaux. L'analyse des « trois amitiés » fut donc remise au goût du jour. S'y distinguent l'amitié fondée sur le plaisir, l'amitié vertueuse et l'amitié utile. Si la première (représentée à gauche par les deux jeunes gens) est l'apanage de la jeunesse, la deuxième, désintéressée, celui de la vieillesse (à droite), la troisième est indispensable à la société car elle crée des liens entre personnes partageant des intérêts, tels les marchands (au centre). Vitale dans toute démocratie, cette amitié utilitaire est, selon Aristote, « le lien des cités, plus précieuse encore que la justice » (Rouen, bibliothèque municipale).

④ **La ville de Thiers,** célèbre depuis le XVIe siècle pour sa coutellerie, alors exportée jusqu'en Espagne et dans les pays du Nord, est connue depuis mille ans pour la grande Foire au pré qui s'y tient tous les ans à la mi-septembre. Déjà au Moyen Âge, nombre de négociants et de colporteurs des grandes compagnies internationales, vénitiennes entre autres, affluaient dès le début du mois pour vendre, acheter ou échanger les denrées les plus diverses, parmi lesquelles épices, soieries et autres produits de luxe avaient leur place. Nobles et bourgeois locaux s'y procurèrent au fil des siècles de quoi agrémenter leur vie et leurs magnifiques demeures de la ville haute (ci-dessus). Cette dernière, construite autour de l'église romane Saint-Genès (XIe siècle), domine l'ancien quartier des artisans et des échoppes, la partie basse de cette ville étagée en amphithéâtre au-dessus des gorges de la Durolle étant dévolue à la foire.

ÉMAUX ET ENLUMINURES, MERVEILLES DE SAINT-MARTIAL, À LIMOGES

Si, dès la charnière de l'Antiquité et du haut Moyen Âge, bien des monastères et des chapitres de cathédrale se mirent à produire des manuscrits enluminés, aucun n'égala la qualité obtenue à l'abbaye Saint-Martial de Limoges, qui en outre adjoignit à son *scriptorium*, où les religieux calligraphiaient et enluminaient les parchemins à la plume de bécasse, des ateliers d'orfèvrerie où les clercs émailleurs produisirent d'admirables chefs-d'œuvre. La perfection des pièces, mais aussi la liberté d'inspiration, la variété des thèmes et l'éblouissement des couleurs employées dans les deux disciplines ont fait de cette abbaye, dès le VIe siècle, l'un des centres les plus importants d'Europe. Lorsque les marchands vénitiens, quatre siècles plus tard, implantèrent à Limoges leur important comptoir, les objets précieux et les soieries aux décors fabuleux qu'ils amenèrent de Perse, de Syrie, de Byzance, d'Égypte, du Maroc et du lointain Orient stimulèrent plus encore l'imagination des talentueux artisans religieux. Ils inclurent donc à leur « répertoire » carolingien et à leur palette habituelle, plus pâle, tout un bestiaire fantastique, orientalisant, rehaussé de couleurs éclatantes, avec ses chiens maniérés, ses oiseaux de feu, ses têtes de dragon, ses lions et ses chimères imbriqués, le tout mêlé d'entrelacs végétaux, de fleurons et de volutes dont semblent se jouer çà et là quelques figures humaines. À l'abbaye Saint-Martial, sous la règle de saint Benoît, ces travaux faisaient partie du quotidien des religieux, qui, par le rayonnement de leur production, participaient à la renommée de leur saint patron tout en travaillant à leur salut personnel. Pas plus les enlumineurs que les orfèvres ne comptaient leur temps. Pour achever un ouvrage sur beau parchemin décoré à l'aide de pigments fréquemment plus chers que l'or ou bien un reliquaire ouvragé aux émaux niellés, champlevés ou translucides — les plus coûteux qui soient —, il fallait souvent compter deux années de travail. Crosses d'évêque, autels, chasses, retables et bibles à la reliure orfévrée, d'une valeur inestimable, étaient exportés vers les riches monastères et les cathédrales de l'Europe tout entière.

En haut : enluminure de la deuxième Bible de Saint-Martial de Limoges. Dans cette lettrine sur fond lie-de-vin, caractéristique des ouvrages postérieurs au grand incendie du monastère (fin Xe et XIe siècles), se mêlent influences orientales et influences celtiques.
Ci-contre : la cour du Temple à Limoges. Ce très bel ensemble, classé au patrimoine historique national, doté de galeries à l'italienne et dont les étages sont desservis par un escalier Renaissance (au fond de la cour à droite), est dallé de gassettes, petites briques réfractaires récupérées des anciens fours à porcelaine de la ville.

L'orfèvre dans sa boutique Cette huile sur bois de Pétrus Christus (XVe siècle) représenterait Éloi l'Aquitain, futur saint Éloi, patron des orfèvres et des métallurgistes. Jeune orfèvre né vers 588, Éloi fut pressenti par le roi Clotaire II pour réaliser un trône. Avec l'or octroyé, il en livra deux. Son honnêteté lui valut la charge de maître de la monnaie à Limoges. Ami d'enfance de Dagobert Ier, il devint auprès de lui « monétaire du palais », puis évêque de Noyon, près de Limoges, suite logique alors d'une carrière de haut fonctionnaire. Il continua cependant son métier d'orfèvre, dont il organisa les corporations : laïque et religieuse. En 631, il fonda l'abbaye de Solignac près de Limoges, à laquelle il légua en 632 ses propriétés et où il créa une école d'orfèvrerie, dont le rayonnement s'étendra sur toute l'Europe durant le Moyen Âge et dont deviendra succursale l'école du monastère de Saint-Martial, à Paris.

Saint Martial, premier évêque de Limoges, représenté ici sur une fresque romane (XIIe siècle), fait partie, à tort, d'un ensemble figurant la Cène. En effet, il ne compta pas parmi les soixante-douze disciples du Christ, contrairement à ce que mentionnent certains actes, reconnus comme faux de nos jours. Selon Grégoire de Tours, il aurait été envoyé de Rome en Gaule au IIIe siècle pour évangéliser le Limousin. Sur son tombeau — aujourd'hui dégagé par des fouilles — fut fondée en 848 la célèbre abbaye Saint-Martial, rattachée à l'abbaye de Cluny en 1062, dont les ateliers d'orfèvrerie et d'émaillerie ainsi que le *scriptorium* de calligraphie et d'enluminures firent l'immense renommée de Limoges. De cette légendaire abbaye, détruite en 1792, seule subsiste la crypte, mais de nombreux chefs-d'œuvre qui y furent créés, puis envoyés dans bien des églises et des abbayes de France et d'Europe, sont parvenus jusqu'à nous.

⑤ **Le pont Saint-Étienne à Limoges,** ouvrage à avant-becs construit au XIIIe siècle pour alléger la circulation du vieux pont Saint-Martial situé en aval, marquait la limite de flottage des bois descendant le courant et retenus en amont par un « ramier » de charpente. Il se trouvait en contrebas de la ville marchande, située autour de l'abbaye Saint-Martial, près de laquelle l'effervescence due aux bateliers s'accrut avec l'arrivée des « trafiquants vénitiens » et l'établissement de leur comptoir d'épiceries et de soieries. Il n'est pas certain cependant que ces dernières aient été acheminées sur ce pont, dans la mesure où, à partir du XIIIe siècle, les écrits médiévaux locaux ne font plus mention du comptoir qui, selon l'historien Louis Guibert (XIXe siècle), aurait été situé près de l'église Saint-Pierre-du-Queyroix, sur un terrain dont une partie a été englobée vers 1180 par un agrandissement de l'enceinte.

SUR LA **ROUTE** DE LA
MARÉE

Chasse-marée : le mot évoque l'action, l'aventure, la vague et le vent. Du Moyen Âge à la fin du XIXe siècle, ce fut le nom d'une entreprise nourrie d'exploits quotidiens : celle des hommes et des chevaux qui, à tombeau ouvert, livraient à la capitale les poissons frais pêchés dans les ports du Nord. De Boulogne-sur-Mer à Paris, 240 kilomètres en seize heures : la route de la marée, mémoire vive d'une épopée.

① **La Côte d'Opale** ourle en tons délicats le laborieux Pas-de-Calais. Nombre de ses ports ont alimenté les chasse-marée. Aujourd'hui, travail, tourisme et trafic vers l'Angleterre contribuent à son économie. Boulogne-sur-Mer demeure un grand port polyvalent. Les ports de pêche se sont ouverts à la plaisance. Des stations balnéaires se sont nichées au long du sable blond des plages bosselées de dunes. Charmantes et familières, elles ont fait, dès les années 30, le bonheur des « congés payés parisiens », contemplés parfois de haut par les privilégiés, familiers du toujours élégant Touquet.

La nuit est hostile, le froid piquant. Une cavalcade — sabots de chevaux, roulement de chariots, cris gutturaux — traverse les villages endormis de Picardie, du Beauvaisis... Les chiens aboient, mais, dans les maisons, aucun enfant ne pleure, apeuré, aucun laboureur n'émerge de son lourd sommeil, aucune femme ne se signe, si ce n'est celle, compatissante, qui prie un peu pour les hommes en péril. Chaque villageois sait que cet éphémère charivari n'a rien de diabolique : nulle chasse infernale ne hante les parages, c'est, tout simplement, le chasse-marée qui monte sur Versailles ou Paris. Des taiseux aux muscles d'acier le mènent, hardis, casse-cou sans doute, défiant les périls des chemins jamais sûrs et du mauvais temps, mais chacun sait qu'ils sont gens probes, respectueux d'une loi qu'ils se sont eux-mêmes forgée, occupés seulement d'aller vite. De l'histoire des routes de la marée partant des ports de pêche de la Manche pour converger vers les grandes villes, et surtout Paris, on ne connaît guère les commencements. Au Moyen Âge en revanche, quand croît la population citadine, alors que l'Église impose aux fidèles cent soixante-six jours de carême par an — et donc des repas de poisson —, elles deviennent affaire d'État, et les preuves abondent. Les premières ordonnances sont rédigées sous le règne de Louis IX, en 1258, pour « établir et régler les corps de métier de la ville de Paris et sauvegarder les marchands de pescaille de mer ». Alors, déjà, une efficace institution se met en place : un conseil de la marée, qui deviendra plus tard chambre de la marée, réunit quatre prud'hommes et le prévôt de Paris, auxquels s'ajouteront bientôt le procureur du roi et quatre marchands de marée, deux Normands et deux Picards, lesquels choisiront quatre grands avocats pour porter leur parole au parlement. Les droits et devoirs de chacun sont clairement définis. La chambre règle les litiges, apporte un soutien financier et juridique au métier, sauvegarde sa liberté et ses privilèges. D'un roi à l'autre, au moins jusqu'à Louis XIII, la législation de base se peaufine, précise les conditions d'exercice, le bon état de fraîcheur et les horaires à respecter pour livrer la marchandise, la nécessité qui est faite aux édiles de mobiliser les riverains pour assurer le bon entretien des routes empruntées par les chasse-marée. Plus croissent les populations citadines et leurs besoins d'approvisionnement en poisson frais, mieux les convoyeurs s'organisent et s'équipent. D'abord, les mareyeurs vont juchés sur leurs bidets lourdement chargés de couffins ou traînant une carriole. L'exploit déjà est patent : les braves bêtes peuvent parcourir jusqu'à 120 kilomètres en une journée avec une charge d'une centaine de kilos. Souvent, de véritables caravanes s'organisent, des porteurs de hotte suivant parfois les chevaux. La sécurité est ainsi mieux assurée. Au XVIIe siècle, ces bidets commencent à être supplantés par un système qui se met en place pour près de deux siècles. L'iconographie et les témoignages qui abondent font vivre aujourd'hui encore, dans ses plus infimes détails, ce qui devient une véritable industrie. Dans les ports, quand les pêcheurs débarquent leurs prises, la ruée commence. C'est la marée qui décide de l'horaire de départ, mais les règlements imposent celui de l'arrivée, à l'ouverture du marché. Il faut faire vite, sachant que, quoi qu'il arrive, il faudra rouler de nuit. Tout le monde s'y met, et en un temps record les attelages vont pouvoir démarrer. Les poissons, soigneusement posés sur un lit d'algues, sont rangés dans des baquets et chargés. Les véhicules sont parfaitement adaptés à leur fonction : un fond allégé, des parois un peu courbes, deux roues aux larges jantes, une voile de bateau pour protéger le chargement. Les attelages utilisent les chevaux de race locale, de bonnes juments boulonnaises qui ont le sabot sûr, le jarret infatigable et bon caractère. Elles vont par quatre, parfois cinq. Le timonier s'équipe : cache-nez, bonnet, moufles, sabots emplis de paille, tablier de cuir, peau de blaireau pour isoler son postérieur. Il s'installe en amazone sur la jument en chef, si près du fourgon que, si ce dernier verse, il passera sous les roues. Un aide se perche à l'arrière du chargement. Et fouette cocher, la course commence. Environ tous les 25 kilomètres, arrêt dans une auberge dite « relais de marée ». Une véritable « poste aux poissons » s'est mise en place, qui dispose de ses propres chevaux. À peine le temps pour les hommes de se réchauffer, de casser une petite croûte, que des valets aux gestes précis, bien rodés, ont changé l'attelage. Et la course reprend, qu'il fasse jour ou nuit, qu'il pleuve, neige ou vente. La noria des chasse-marée, modeste chevauchée fantastique, durera jusqu'à l'arrivée du chemin de fer. Sa mémoire demeure vive tant elle a contribué à l'économie, aux coutumes, à la culture populaire et à l'imagerie des pays qu'elle irriguait. Dans les doux paysages qui aujourd'hui sertissent ses routes de leurs délicates lumières, parfois souffle un vent de mer qui en parle encore.

② **Saint-Valery-sur-Somme,** au sud de l'estuaire ensablé, est un ravissant port de pêche aux belles vieilles maisons de pilote alignées de part et d'autre de l'ancien grenier à sel. Au pied de cette petite ville étagée sur une colline s'amarrent, comme par le passé, des chalutiers à la proue vivement colorée. Entre deux marées, seule l'extrémité des mâts s'élève au-dessus du quai.

FURIEUSE ÉPOPÉE **QUOTIDIENNE** DE LA MANCHE À PARIS

Au XIXe siècle à Berck, le chargement des attelages du chasse-marée devait être si rapide que les charrettes ne pouvaient attendre l'échouage des bateaux pour récupérer le poisson. Les hommes étant à bord, il incombait aux femmes, et aux enfants souvent, d'entrer dans les vagues pour accomplir ce dur travail, dont l'atmosphère est si bien rendue par cette peinture de René Henri Ravaut.

③ **Pointe du Hourdel à Cayeux-sur-Mer,** des chalutiers tracent leurs sillons d'écume. La pêche continue. Transportés en quelques heures à la capitale par véhicules réfrigérés, les poissons — qui n'aiment pas la glace — arriveront à peine plus frais que leurs devanciers du chasse-marée couchés sur leur lit d'algues. Ont sombré dans un abandon mélancolique toutes ces routes qui partaient de Calais ou de Boulogne et se séparaient à Abbeville, les unes pour monter vers Amiens, les autres pour filer sur Beauvais, avant de se retrouver aux portes de la capitale, et tous ces bourgs qui vivaient à leur rythme. Cependant, entre verts pâturages, damiers de champs cultivés et fraîches forêts, l'ancienne route des chasse-marée de la baie est balisée. Elle a tant de charme ! C'est ce dernier que goûtent les amateurs de chevaux de trait qui participent, tous les deux ans, au festif rallye des Chasse-Marée.

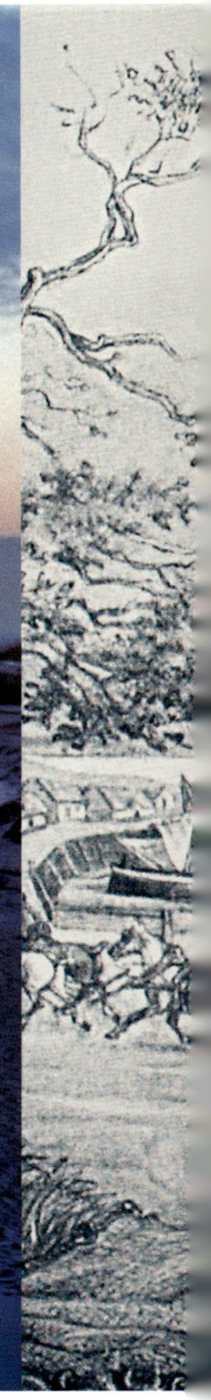

Les belles juments de race boulonnaise ont joué un rôle égal à celui des humains dans l'épopée des chasse-marée. Cette lithographie, que l'on doit au comte Arthur du Passage, souligne avec une précision quasi anatomique la puissance des bêtes lancées au galop, le jeu huilé de leurs muscles, l'alliance du poids et de la souplesse. Elles ne craignaient pas d'entrer dans les vagues, avalaient les côtes, maîtrisaient les descentes malgré le poids qu'elles tiraient, obéissaient bien plus à la voix qu'au fouet, connaissait la route aussi bien que le timonier. Sans leur endurance, leur solidité et leur calme docile, l'exploit quotidien des mareyeurs, à plus de 16 kilomètres à l'heure, n'aurait jamais été possible. Leur race, abâtardie, engraissée, reléguée à la triste catégorie des animaux de boucherie, a failli disparaître, mais des passionnés s'emploient à la sauver.

Sur le marché aux poissons, le marchand puise dans son cuveau pendant que ses pratiques font leur choix. La scène, qui illustre ici un manuscrit du XVe siècle, la *Chronique d'Ulrico de Richental,* est typique de la vie médiévale. On en trouve de semblables dans nombre de ces livres d'heures qui montrent si joliment le quotidien. Quant à l'importance des marchés aux poissons, c'est à Amiens, entre autres, que l'on en retrouve la mémoire. Sa poissonnerie, édifiée en 1485, était située près de la cathédrale. Sur une table de bronze aux armes de François Ier était gravé un résumé des lois concernant le transport et le commerce du poisson. Le lieu comportait même une prison pour les contrevenants à ces lois. Sur ses marches, des messes étaient dites en temps d'épidémie. Somptueusement reconstruire en 1813, la poissonnerie périt sous les bombes en 1940. Restent, heureusement, les archives.

④ **Dieppe** est le port le plus proche de Paris : 160 kilomètres. On y attend le retour des chalutiers et l'ouverture de la criée aux poissons. On y prend le ferry pour Newhaven. On se balade dans les vieilles rues, on pêche la crevette, on fait de la voile et on joue au casino. Là aussi, le chasse-marée a laissé son empreinte. Comme à Boulogne-sur-Mer, il existait à Dieppe de grandes entreprises qui employaient un personnel nombreux, des valets de marée, et disposaient de centaines de chevaux. Leurs itinéraires sont connus, leurs chemins répertoriés. Ponctuellement, des amateurs de chevaux de trait attellent pour des rallyes de chasse-marée normands qui les mènent de Dieppe à Rouen ou, plus bucolique encore, au long des chemins qui relient les petits ports d'où partait le poisson. La Normandie n'est jamais plus jolie qu'ainsi visitée.

L'HONNEUR SAUVÉ DU CHASSE-MARÉE

D'immenses forêts recouvrant 6 500 des 7 500 hectares que compte le domaine et une somptueuse architecture Renaissance : du château de Chantilly, le prince de Condé, pourtant fort occupé à guerroyer, avait fait une somptueuse demeure. Comme il lui fallait en toutes choses la perfection, il avait pris pour maître d'hôtel le talentueux Vatel. Un jour fatal du printemps 1671, le roi vint visiter le prince ; Louis XIV et sa cour s'annonçaient à Chantilly. Branle-bas de combat à l'office et dans les cuisines. Il fallait du raffinement, du doigté, honorer le monarque mais ne pas blesser son solaire orgueil (l'erreur avait déjà coûté châteaux, fortune et liberté au surintendant Fouquet). Vatel s'organisa, équilibra les menus et passa commande des plus fins et des plus rares poissons, que divers accommodements, plus savants les uns que les autres, sublimeraient encore. Régaler Sa Majesté ne comptait pas pour peu dans la vie d'un homme ambitieux. Vint le matin du grand jour. On attendait la marée. On attendit en vain. De poisson, point. La marquise de Sévigné raconte l'événement dans deux lettres successives à sa fille. Premier récit, du 24 avril, un résumé succinct : « À huit heures du matin, Vatel, ce grand Vatel, voyant que la marée n'était point arrivée [...] s'est poignardé. » Deux jours plus tard viennent des précisions : « À quatre heures du matin, Vatel s'en va partout, il trouve tout endormi. Il rencontre un petit pourvoyeur qui lui apportait seulement deux charges de marée. "Est-ce là tout ?" — "Oui Monsieur." [...] L'homme ne savait pas que Vatel avait envoyé commande à tous les ports de la Manche. Vatel attend encore quelque temps ; les autres pourvoyeurs ne viennent point. [...] Il croit qu'il n'y aura pas d'autre marée. Sa tête s'échauffe. » Se voyant perdu de réputation, il se suicide. Pour cause de carence du chasse-marée ? Que nenni ! La marquise, très précise, indique que Vatel avait fait appel à des pourvoyeurs, spécialistes de l'approvisionnement des grandes tables du royaume, qui non seulement ne relevaient pas de la logistique du chasse-marée, mais parfois s'y approvisionnaient sans se donner la peine d'aller plus loin, et en étaient plutôt mal vus. L'honneur du chasse-marée fut sauvé, mais le mystère du menu royal demeure entier, car madame de Sévigné n'écrivit point ce qui, ce jour-là, fut finalement servi au roi.

⑤ **Le château de Chantilly,** légué à l'Académie française par son dernier propriétaire, le duc d'Aumale, est aujourd'hui encore un lieu de beauté, de culture et de fêtes : musée Condé, précieuse bibliothèque, magnifiques écuries, parc somptueux, feux d'artifice et spectacles équestres... Le chercheur tout autant que l'esthète ou le promeneur tranquille peuvent y trouver leur bonheur.

Le poissonnier et ses clients Figurant sur une verrière de la cathédrale de Chartres — datée de 1250 et consacrée à saint Paul et à saint Antoine —, ce motif récurrent se retrouve, par exemple, sur la verrière dédiée à saint Julien l'Hospitalier dans la cathédrale de Rouen. Les vitraux sont à la fois catéchisme et représentation du quotidien des fidèles. Les deux œuvres, dons de la corporation des poissonniers, montrent bien à quel point cette organisation, riche et puissante, jouait un rôle important dans l'organisation sociale de l'époque. Elles incitent aussi à se demander comment aurait fait l'Église, sans les chasse-marée, pour faire respecter à ses ouailles, laïcs ou clercs, l'obligation de faire maigre chaque vendredi et durant les quarante jours de carême.

⑥ **Aux halles centrales de Paris,** vers 1910, un coin du marché aux poissons. Dès l'aube, les marchandes sont sur le pied de guerre. Elles connaissent les horaires du chasse-marée. Avant que 8 heures ne sonnent au clocher de Saint-Eustache, les attelages, venus du Boulonnais, de Picardie et de Normandie, auront convergé sur la porte de la capitale et pris le faubourg Poissonnière, bien nommé, pour parvenir au ventre de Paris. Fourbus, soulagés d'avoir, une fois encore, gagné leur pari sur la fatigue, la route et ses périls, les hommes vont bientôt repartir, prenant parfois en charge des colis, voire quelque passager. Sur le carreau, c'est l'agitation, dans les rires et les quolibets. Les poissonnières sont réputées pour leur gouaille et leur insolence : un apport du chasse-marée à l'enrichissement de la culture populaire !

Sur la route de Van Gogh Texte de Gilles Dusouchet, légendes d'Eve Sivadjian
Sur la route de Stevenson Texte et légendes d'Eve Sivadjian

ROUTES DES **ARTISTES**

SUR LA **ROUTE** DE
VAN GOGH

Après le Brabant hollandais et les cabarets montmartrois, Vincent Van Gogh poursuit sa quête obstinée d'une peinture qui aille « de l'ombre à la lumière ». Fasciné par l'éclat des estampes, il rêve d'un Japon en Provence. Il s'y rend à l'hiver 1888. Sa course au soleil durera deux ans. Des vergers en fleur du pays arlésien aux cyprès flamboyants de Saint-Rémy, en passant par les Saintes-Maries-de-la-Mer, le périple passionné du peintre aura été jalonné de quelque deux cents toiles.

① **Le ciel lumineux d'Arles** enthousiasma Vincent Van Gogh au point qu'il se mit à peindre au lendemain de son arrivée, le 21 février 1888. Débarqué du train de Paris, le temps de trouver un gîte, rue Cavalerie à la pension Carrel, où il laissa sa malle, et le voilà dehors. La ville était sous la neige, que le mistral gelait. Pourtant, dans l'allégresse et à la stupeur des Arlésiens, il planta son chevalet dans la rue, « loin des tempêtes dans un verre d'eau » de la capitale.

Un vagabond ? Non, un passionné. Vincent Van Gogh ne se fixe nulle part, ne suit d'autre école que la sienne, fait sensation partout, du moins chez ses confrères, tant il met de vigueur à peindre. Ce fils de pasteur hollandais, qui a lui-même prêché dans le Borinage flamand, s'est engouffré dans son art depuis huit ans quand il fait étape à Paris. Sa palette est sombre, terreuse, la touche pesante et brutale. L'indéfectible appui de son frère cadet, Théo, employé dans la succursale parisienne du marchand d'art Goupil, le met en contact avec Signac, Gauguin, Toulouse-Lautrec. Van Gogh se frotte à l'impressionnisme, au pointillisme, s'essaie à l'aplat coloré. Il a trente-cinq ans, et il est temps pour lui d'exister, de rembourser ses dettes. Il souffre tant de n'avoir encore rien vendu et de vivre aux crochets des siens… À l'hiver 1888, dépérissant à Paris, il prend un train pour Arles. Le Sud l'attend. Son ciel poli comme une pierre de lavoir, sa lumière éclatante et l'éblouissant paysage du Midi provençal. Il s'enivre à l'idée d'en être possédé. À ses yeux, rien de plus exotique et familier à la fois que ce pays méridional. Les costumes des Arlésiennes l'enchantent, avec « leurs aménagements de couleurs très naïfs et bien trouvés ». Il les peindra dans le mouvement de la foule qui se presse sur les gradins des arènes. En avril, quand cerisiers, pêchers et amandiers font éclore leurs pétales dans les vergers alentour, il « entre dans une rage de travail », supplie Théo de lui faire parvenir des « couleurs sans retard car la saison […] est si passagère ». Le voilà qui plante son chevalet devant le miracle des fleurs. Intensité des tons, vibration de la touche, l'éternité pour lui se joue dans cette effusion végétale, sa transe chromatique. De ces vues printanières, il espère un succès commercial ! Candide mutant du geste pictural. Que lèvent les blés, il vient camper sur les talus. Face aux épis ondoyants, le vent l'assaille et le force à fixer par des chevilles les pieds du chevalet. Le soleil est sa loi. Il peint avec acharnement, s'applique à restituer « l'argent, tantôt plus bleu, tantôt verdi, bronzé, blanchissant sur terrain jaune, rose violacé ou rougeâtre, jusqu'à l'ocre rouge sourd ». Mais Vincent n'a rien oublié des leçons des maîtres hollandais, ni du naturalisme de Millet.

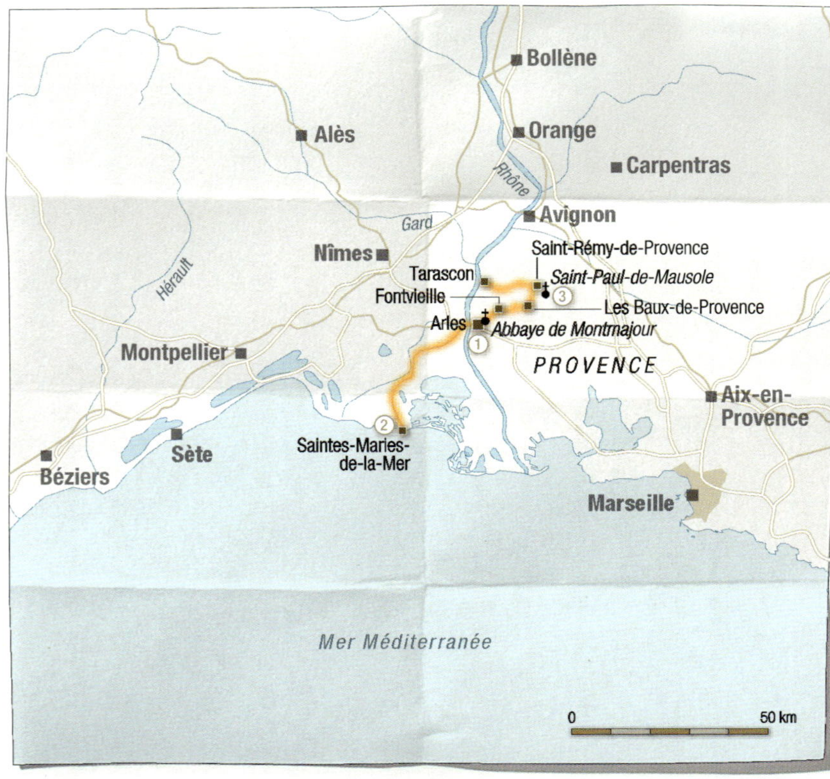

SOUS LE SOLEIL **PROVENÇAL,** LA PASSION DU PEINTRE

Si la touche est prompte, le trait fiévreux, cadres et plans s'ordonnent avec une rigueur classique. La plaine de la Crau prend des airs d'opulente Arcadie avant qu'une tornade ne mette fin brusquement aux moissons. En juin 1888, les 100 francs que lui adresse Théo l'autorisent à sauter dans un coche en partance pour les Saintes-Maries-de-la-Mer. Dans le troublant delta de Camargue, Van Gogh s'arrête devant les murs chaulés et les chaumes des cabanes de gardians, les barques de pêcheurs… Huit jours d'escapade. À son retour, une grande affaire le requiert. Bâtir l'atelier du Midi, un phalanstère où des peintres se trouveraient en communion d'âme. Vincent aménage avec ferveur, place Lamartine, sa « maison jaune ». Il veut en faire « une maison d'artiste mais non pas précieuse, au contraire, […] tout depuis la chaise jusqu'au tableau ayant du caractère ». L'hôte qu'il désire accueillir n'est autre que Paul Gauguin. Mais ce dernier, qui vient de fuir Pont-Aven et veut rembarquer vers les tropiques, ne cède qu'à contrecœur à la pension fort bien venue allouée par Théo et aux appels de Vincent. Ce dernier a décoré sa chambre de tournesols encadrés de baguettes orange. Gauguin le complimente, mais n'est là que pour ronger son frein. Le malentendu couve. Tous deux peindront le cimetière des Alyscamps quand tout les oppose. En décembre 1888, après deux mois de cohabitation, les privations, l'alcool, provoquent une violente dispute entre les deux hommes. Vincent, de honte et de dépit, se tranche l'oreille et remet ce trophée sanglant à l'une des prostitués des quartiers chauds qu'il fréquente. Accès de démence, épilepsie ? Plutôt dénutrition, harassement. Le rêve tourne au cauchemar. En février 1889, Vincent demande à être interné à la maison de santé de Saint-Rémy-de-Provence. Son directeur, le docteur Peyron, octroie à ce singulier pensionnaire des sorties qui lui permettent de brosser des friches ou le piémont des Alpilles. Son esprit lutte contre le naufrage, le champ clôturé qu'il peint de sa fenêtre grillée, emporté par la houle, tangue et chavire sur la toile. À la fin, oliviers aux troncs torturés, feux de Bengale de la nuit étoilée et cyprès en flamme composent un paysage mental qui se consume dans les jaunes les plus crus et les bleus les plus âpres. Cependant, rien d'agité dans le comportement de Van Gogh, mais une sous-alimentation persistante, une quiétude morne. En mai 1889, après un an de ce régime et un travail acharné, le supplicié silencieux ne peut, littéralement, plus supporter la Provence. Sa plénitude solaire l'accable. Il a brûlé ses ailes. Il reprend le train pour Paris et ce Nord qui le rappelle. Auvers-sur-Oise et les méandres de la Seine seront l'ultime station de son chemin de croix.

① **Place du Forum,** dans ce café aujourd'hui baptisé de son nom, Vincent prit de suite ses habitudes. S'il allait s'y étourdir un peu « en buvant un coup et en fumant très fort », il ne pouvait s'empêcher de regarder en peintre et, très vite, il remarqua la beauté de la nuit « bien plus vivante et richement colorée que le jour ». De cette constatation naquit la célèbre toile représentant l'extérieur de l'établissement « dans la nuit bleue avec un coin de ciel bleu ».

Page ci-contre : *Terrasse du café le soir*, Vincent Van Gogh, 1888, musée Kröller-Müller.

Ci-contre : *les Arènes d'Arles*, Vincent Van Gogh, 1888, musée de l'Hermitage

① **Les arènes d'Arles fascinaient le peintre.** Il ne s'intéressait cependant pas aux monuments romains, auxquels il ne prêta aucune attention durant tout son séjour en Provence, où ils sont nombreux, et ne trouvait non plus aucun charme aux corridas qui se déroulaient ici. Pour lui, le spectacle se jouait dans les gradins. C'était la foule. Les Arlésiennes en costume, comme de nos jours lors d'une fête des gardians (ci-dessous), les militaires casernés en ville arborant fièrement leur uniforme, les traits burinés des vieilles gens. Vincent peignait passionnément la nature, celle-ci incluant les être humains. Les portraits étaient, il le proclamait, ce qui l'intéressait le plus. Encore fallait-il trouver des modèles ! À part Roulin, son ami facteur, et Milliet, le zouave, rares étaient ceux qui acceptaient de poser pour lui tant ses peintures étaient « mal faites », et nul ne se gênait pour le lui asséner. Les arènes lui fournissaient donc une matière inépuisable : les visages, les silhouettes, le mouvement de la vie.

Ci-contre : *le Pont de Langlois à Arles, avec dame au parapluie*, Vincent Van Gogh, 1888, Wallraf Richartz Museum.

① **Pont sur le canal d'Arles, à Bouc** Tandis qu'il recherche passionnément le Japon en pays arlésien — entendons par là les grands aplats de couleurs éclatantes, la spontanéité et l'instantanéité de la peinture japonaise, que l'Occident vient de découvrir —, Van Gogh est, parallèlement, attiré par les sujets qui pourraient lui rappeler sa Hollande natale. Alors que tout, pour lui, est dépaysement total, ce pont à bascule, baptisé simplement du nom d'un ancien garde qui en avait la charge, fait partie des paysages familiers du Nord. Dès le mois de mai, il plante son chevalet sur la rive et peint, comme jusqu'alors, dans des teintes rompues qui n'ont rien d'oriental. Seuls l'arlésienne à l'ombrelle qui passe sur le pont et « le cyprès à silhouette de flamme » donnent le ton provençal. Vincent reviendra souvent sur ce motif, dont il a laissé cinq huiles sur toile, une aquarelle et deux dessins.

Ci-contre : *Mas aux Saintes-Maries,* Vincent Van Gogh, 1888, collection privée

② **Saintes-Marie-de la-Mer** Depuis son arrivée en Arles au mois de février, Vincent rêve des plages méditerranéennes, de ce pays « bleu et jaune [...] ciel et de soleil ». Mais les 150 francs mensuels que lui envoie son frère Théo, galeriste à Paris mais bien peu fortuné, suffisent à peine à l'achat des toiles, des tubes de couleur et d'un quotidien plus que chiche. Faute d'argent, il doit sans cesse remettre ce voyage. Finalement, il ira à la mi-juin vers cette étape pour lui décisive, car c'est aux Saintes-Maries-de-la-Mer qu'il saura enfin si « son œil s'habitue » au Sud et si ses toiles pourraient un jour « valoir un peu plus que leur prix de revient ». Il embarque à bord d'une patache, sorte de péniche, qui assure la liaison entre Arles et Tarascon, puis traverse la Crau. Enfin sur place, c'est l'éblouissement. Il peint alors sans relâche, les barques, les salines, les maisons de gardians. Il va très vite, écrit-il à Théo. « Comme un éclair... Comme les Japonais. »

Ci-contre : *les Alpilles*, Vincent Van Gogh, 1890, musée Kröller-Müller.

« Dans tout il y a maintenant du vieil or, du bronze, du cuivre, dirait-on, et cela avec l'azur vert du ciel chauffé à blanc, cela donne une couleur délicieuse. » Lorsqu'il note cette analyse, à l'automne 1889, il y aura bientôt vingt mois que Vincent est en Provence. Il n'est plus à Arles, mais à l'hospice Saint-Paul-de-Mausole, près de Saint-Rémy. S'il peint toujours avec frénésie, c'est maintenant dans le temps que lui laissent de terribles crises de délire et d'inconscience. À peine recouvre-t-il ses forces qu'il se jette à corps perdu dans le travail, craignant de ne pas avoir de temps avant de sombrer à nouveau. Il est autorisé à sortir deux ou trois fois par semaine dans les environs avec un surveillant. L'automne flamboie, les Alpilles l'inspirent. Lorsqu'il a trouvé son point de vue, il s'arrête et plante son chevalet. Sans un mot. Et s'absorbe dans le travail jusqu'au soir.

L'ATELIER DU MIDI

« Que c'est beau le jaune ! », « suprême clarté de l'amour », c'est la couleur du soleil, des tournesols, et ce sera celle de l'atelier d'Arles, cette petite maison que Vincent a trouvé à louer au numéro 2 de la place de Lamartine, près de la gare. Il la peindra en jaune, dehors, dedans la meublera en jaune et la représentera « sous un soleil de soufre, sous un ciel de cobalt pur ». Tandis que son ami Gauguin ne rêve que d'« atelier des tropiques » — il vient d'en revenir après de fâcheuses aventures aux Caraïbes —, Van Gogh concrétise son atelier du Midi. Certes, il s'éloigne de Paris, mais c'est pour trouver une vie plus simple, moins onéreuse aussi, où il puisse se donner tout entier à la peinture. C'est, plus encore, poussé par « la nécessité absolue d'un nouvel art de la couleur », lit-on dans la correspondance quasi quotidienne qu'il entretient avec son frère Théo, si convaincu de la démarche du peintre qu'il mise tout sur son œuvre afin qu'il l'accomplisse. Et là, dans le Midi, Vincent sait qu'il est sur la voie. Il peint inlassablement, du matin au soir, se nourrissant tout juste d'un morceau de pain arrosé de litres de café, consacrant à l'achat de toile et de tubes presque tout l'argent qu'envoie ce frère. Sa production est telle que ce dernier, à Paris, ne sait plus où entreposer les tableaux. Ils n'intéressent personne. Vincent se sent seul. Il a besoin de se mesurer à d'autres peintres, d'évoquer ses doutes avec ses amis, aussi presse-t-il Gauguin de le rejoindre. Réticent, ce dernier finit par accepter, et grâce aux subsides mensuels alloués par Théo, qui double la somme, les deux artistes cohabitent. Alors, l'atelier du Midi existe vraiment ! Mais l'harmonie des premiers jours, où Vincent, tout humilité, a nommé Paul « chef d'atelier », cède bientôt la place à des semaines de disputes. L'animosité va croissant car leurs démarches s'opposent, et Van Gogh, après s'être plié à celle de Gauguin, se rebelle. Il n'est pas impressionniste. Le 23 décembre survient le drame. En proie au délire sous l'emprise du vin, après avoir manqué d'agresser son ami, Vincent se tranche l'oreille. L'un rentrera à Paris, l'autre sera hospitalisé. L'atelier du Midi est mis sous scellés.

En haut : *Douze tournesols dans un vase,* huile sur toile exécutée à Arles en août 1888, conservée à la Neue Pinakothek de Munich.
Au milieu : *Autoportrait au chapeau de paille et sarrau de peintre,* huile sur carton, 1887, musée Van Gogh, Amsterdam.
En bas : *La Maison jaune,* huile sur toile, œuvre réalisée au cours de l'été 1888. Van Gogh fit de cette maison son atelier du 1er mai au 23 décembre 1888.

C'est avec rage, Van Gogh le dit lui-même, qu'il peint inlassablement ces fleurs solaires, pour lui semblables à des rosaces gothiques. Durant le mois d'août, lors de la pleine floraison, il se lève avec le jour pour les saisir dans toute leur fraîcheur parce qu'elles se fanent vite, note-t-il. Parfois, dans la journée, il s'autorise un peu d'alcool pour « atteindre la haute note jaune », le jaune qu'il consomme par doubles tubes et qu'il réclame à son frère, dans une longue liste qui se clôt en ces termes : « Au nom de Dieu, fais-moi parvenir ces couleurs sans retard. »

③ **Saint-Paul-de-Mausole,** l'hospice dans lequel Vincent Van Gogh demanda à être accueilli, a été bâti au pied des Alpilles, sur le plateau des Antiques, près de Saint-Rémy-de-Provence, contre un monastère du XIIe siècle, joyau de l'art roman provençal. Lorsque le peintre s'installe, le 9 mai 1889, dans cette maison de santé aménagée au début du XIIIe siècle, les malades sont peu nombreux. Sa chambre, tapissée de vert pâle, ne lui déplaît pas, mais la nourriture, détestable, lui fait préférer le pain, avec parfois un peu de soupe. La compagnie ? Une vraie ménagerie, qu'il considère d'abord avec une infinie compassion mais qu'il finit par exécrer. Le directeur, bon homme, lui laisse une pièce au rez-de-chaussée pour y faire son atelier, mais c'est dehors, entre ses terribles crises, comme toujours fasciné par la nature, qu'il préférera peindre. Avant fin juin, il aura achevé déjà près de dix toiles.

Ci-dessus : *le Parc de l'hospice Saint-Paul,* Vincent Van Gogh, 1889, collection privée.

③ **Hospice Saint-Paul-de-Mausole** étaient à l'abandon, pour la plus grande joie du peintre qui, dès que son état de santé le lui permettait, y travaillait sans relâche, fasciné par tous les arbres, oliviers tordus, pins austères… Autour de lui, les pensionnaires font alors cercle. S'il affirme qu'ils ne le gênent pas, il est pourtant soulagé de les abandonner lorsque, entre deux crises toujours plus violentes, il a le droit de sortir peindre dans les alentours avec Trabu, le fort sympathique gardien-chef. L'éclat de sa palette s'atténue. Le Nord le rappelle. Avant de quitter définitivement la Provence, il veut « terminer le travail entrepris ici ». De ce séjour de cinquante-trois semaines qu'il considéra comme un naufrage, restent cent cinquante toiles et plus de cent dessins.

SUR LA **ROUTE** DE **STEVENSON**

Une effervescence inhabituelle agite Le Monastier-sur-Gazeille, modeste bourgade de Haute-Loire, en ce dimanche 22 septembre 1878. Devant l'auberge Morel, au centre d'une foule de badauds, un Écossais de vingt-huit ans, un rêveur du nom de Robert Louis Stevenson qui se dit écrivain, est enfin prêt à s'engager dans la folie qu'il prépare depuis un mois : gagner l'ancien pays des camisards, à pied, à travers les monts et les vallées du Velay, du Vivarais, du Gévaudan, de la Lozère et des Cévennes.

Dans le labyrinthe de massifs montagneux couverts de forêts et tranchés de vallées qu'il parcourut depuis le Velay jusqu'au sud des Cévennes, Robert Louis Stevenson se perdit maintes fois. Rebroussant chemin, tâtonnant dans le crépuscule des hautes futaies, il frappa, de nuit, aux portes de fermes isolées qui, par crainte des voleurs, ne s'ouvrirent guère, mais il fit aussi d'étonnantes et chaleureuses rencontres.

En tout, l'homme s'apprête à parcourir quelque 220 kilomètres de sentiers à peine tracés dans une sauvagerie de forêts profondes, de gouffres obscurs et de sommets râpés par vents et tempêtes. Il aura fallu ce matin plus de trois heures à cet original pour parvenir à arrimer son bagage sur le dos de l'ânesse acquise la veille auprès d'un charretier, pour 65 francs et un verre d'eau-de-vie, un bagage énorme qu'il est allé compléter au Puy-en-Velay les jours précédents. Quatre heures de diligence pour parcourir 20 kilomètres sur la route qui, bien plus tard, deviendra la D 535, menant à la cité médiévale. Là, il se fit confectionner un grand sac de couchage en bâche verte doublée de peau de mouton, acheta un revolver, un bonnet de fourrure, un réchaud, des bouteilles de beaujolais et… un fouet à œufs. Il n'eut pas un regard pour la vierge géante qui, du haut du rocher Corneille, domine la ville, halte très catholique sur le chemin de Compostelle, et c'est en bon protestant que Stevenson, en son for intérieur, débuta ici son pèlerinage vers le pays des huguenots qui, pour leur liberté de conscience, avaient tenu en échec les armées du pape et du roi de France de 1702 à 1704. Un voyage ascétique à l'unisson de son humeur, assombrie par le départ de la femme aimée vers l'Amérique et un divorce qu'elle allait régler. Donc, devant l'auberge Morel, avec son ânesse baptisée Modestine, « pas beaucoup plus grosse qu'un chien, de la couleur d'une souris », l'« apprenti aventurier » qui, quatre ans plus tard, deviendra l'auteur mondialement célèbre de *l'Île au trésor* fait ses premiers pas vers les sentiers sauvages, magnifiques, connus aujourd'hui sous le nom de GR 70. Neuf heures sonnent au clocher de l'église Saint-Jean lorsqu'il quitte les hauteurs du bourg aux maisons de pierre de lave rouge et noir pour descendre par la route escarpée à travers ce qui était alors des prés communaux. Une fois la Gazeille franchie à gué — un petit pont existe aujourd'hui —, remontant la pente, il s'enfonce à travers les bois de pins dans ce paysage, bien peu changé depuis, fait à l'infini de chaînes de collines tranchées de profondes vallées où s'entrelace un labyrinthe de rivières au courant vif. Parmi elles, au Bouchet-Saint-Nicolas, « un aimable jouvenceau de fleuve qu'il semble absurde d'appeler Loire », note-t-il. Car, tout au long du voyage, il écrit. Il décrit les paysages traversés, il raconte ses rencontres, l'architecture des hameaux, leurs coutumes entrevues. Il en fera un livre : *Voyages avec un âne dans les Cévennes*. Au fur et à mesure que se déroule sous ses pas l'enfilade de chemins pierreux, souvent étroits, escarpés, tout en montées et en descentes, parfois simples traces sur les lignes de crête, jalonnés de croix de chemin médiévales, de montjoies, de menhirs, le voyageur infatigable consigne ses émotions, ses déboires, ses enthousiasmes. S'égrènent les villages, Saint-Martin-de-Fugères, Goudet, Le Bouchet-Saint-Nicolas, Langogne, puis le monastère Notre-Dame-des-Neiges, où l'accueil chaleureux des moines est réconfortant. Sur les monts Lozère, « les Cévennes des Cévennes », il fait surgir la chevaleresque évocation du « comte et seigneur Roland, généralissime des protestants de France [...] prompt au combat, prompt à la prière », qui, en tête de ses bandes armées, marchait à l'assaut des cités royales ceintes de remparts. Au Pont-de-Montvert, il rappelle la tragique silhouette de l'abbé du Chayla, qui déclencha la rébellion huguenote, puis ébauche une « nouvelle route » bordée de puissants châtaigniers qui serpente le long du Tarn jusqu'à Florac. Il enchaîne ensuite avec Saint-Germain-de-Calberte, Saint-Étienne-Vallée-Française et, enfin, Saint-Jean-du-Gard. Là, Stevenson, le cœur gros, vend Modestine, trop fatiguée pour aller plus loin, et prend la diligence pour Alais, devenue Alès. Nous sommes le 4 octobre. Le voyage aura pris douze jours. Les dangers qu'affronta Stevenson ne furent pas les voleurs, les fantômes, la bête du Gévaudan — qu'il surnomme plaisamment le « Napoléon des loups » — et autres fléaux annoncés à l'envi par les gens de la région avant son départ, mais l'absence de pancartes, de bornes, de passants assez complaisants pour lui indiquer le chemin. Parfois, l'absence même de chemin. Et la rareté des gîtes. Vingt fois il se perdit, il dormit fort mal sous l'averse, il grelotta dans le lit de foin de la chambre unique d'auberges de fortune. Faute d'approvisionnement, il donna son pain blanc à l'ânesse et dévora des saucisses agrémentées de barres de chocolat arrosées au brandy. Et puis, dans une pineraie du Gévaudan, à la belle étoile, il passera une nuit si belle qu'avant de partir, au matin, il laissera sur les aiguilles de pin quelques pièces de monnaie en paiement de son gîte. Le prix du rêve. S'y ajouta la larme furtivement essuyée lorsqu'il empocha le bien modeste produit de la revente de l'ânesse.

L'ÉCRIVAIN CÉLÈBRE **AU CŒUR** DES CÉVENNES

① **Saint-Michel-d'Aiguilhe** se dresse en plein ciel dans le bassin du Puy-en-Velay, faisant pendant à Notre-Dame-de-France, la vierge monumentale érigée sur le rocher Corneille. Si Stevenson arpenta durant plusieurs jours les ruelles de la ville médiévale pour trouver le complément de son équipement de voyage, il ne semble pas avoir gravi les quelque deux cent soixante-dix marches de cette chapelle, merveille de l'art roman, qui épouse le faîte de ce piton volcanique de 80 mètres de haut. En pèlerinage vers le pays camisard, ce protestant fit bien peu attention aux édifices catholiques.

Sachant les auberges rares et les gîtes fort aléatoires, l'écrivain s'était fait confectionner un sac de couchage, « toujours prêt [...] il suffit de s'y insinuer », a-t-il noté. En bâche verte imperméable, entièrement doublé de fourrure de mouton teinte en bleu, il était « commode comme une valise, sec et chaud comme un lit ». Durant le jour, roulé et bourré de divers ustensiles, il était arrimé au bât de l'ânesse Modestine. Ci-dessus : gravure de Walter Crane (1845-1915).

« **Au lieu du rude contrefort herbeux** que j'avais si longtemps escaladé, une perspective s'ouvrait dans l'étendue brumeuse du ciel, et un pays d'inextricables montagnes bleues s'étendait à mes pieds. » Émerveillé au point de se comparer au conquistador Cortés découvrant le Mexique, l'écrivain voyageur embrasse l'immensité qui deviendra, un siècle plus tard, le parc national des Cévennes, un labyrinthe de monts entaillés de vallées qui s'étend sur les Grands Causses, le Gévaudan et la Margeride, culminant aux monts Lozère (1 699 mètres à Finiels), ainsi que les Cévennes méditerranéennes, dominées par le mont Aigoual (1 567 mètres). En tout, plus de 91 270 hectares répartis sur la Lozère, le Gard et l'Ardèche. Ses pentes s'échelonnent entre 400 et 1 700 mètres d'altitude, et ses vertes vallées où filent Tarn, Mimente et Gardons offrent une grande variété de flore et de faune. Une importante variété architecturale aussi, ce parc étant le seul, en France, qui soit habité en permanence.

② **Le mont Lozère, à La Fage** « À peine un arbre, à peine une maison apparaissaient-ils dans les landes d'un plateau sauvage qui s'étendait au nord, à l'est, à l'ouest, bleu et or dans l'atmosphère lumineuse du matin. » C'est ainsi que Stevenson, sur le mont Lozère, salua « les Cévennes des Cévennes », le pays huguenot où les camisards, entre 1702 et 1704, avaient leurs quartiers, dissimulaient leurs arsenaux et préparaient leurs attaques à la lueur des feux de bivouac. Sur les sommets arrondis de cette montagne massive où le granite affleure, genêts et bruyères buissonnent au ras du sol, rasés par la violence des vents. De loin en loin, menhirs et croix de chemin jalonnent ces étendues, qui, jusqu'à la fin du XVIIIe siècle, ont appartenu aux chevaliers de l'ordre de Saint-Jean-de-Jérusalem, ainsi qu'en témoignent quelques bornes de pierre sur lesquelles se lit encore une croix de Malte à demi effacée.

③ **Le pont de Montvert,** « avec ses maisons, ses sentiers, son lit de rivière éblouissant, porte un cachet méridional indéfinissable », note Stevenson dans son journal, après s'être agréablement rassasié à la table d'une auberge dans une joyeuse atmosphère dominicale parmi des gens curieux, « vifs de propos et de manières ». Dans cette paisible bourgade dite « aux trois ponts », située à la confluence du Tarn (ci-dessous), du Martinet et du Rieumalet sur le versant sud du mont Lozère, l'écrivain voyageur évoque le drame qui marqua le début de la révolte des camisards. Le 24 juillet 1702, à 10 heures du soir, un groupe de cinquante hommes assaillit la maison de François de Langlade du Chayla, archiprêtre des Cévennes, où il emprisonnait et torturait les huguenots en toute conscience. Ils libérèrent les prisonniers, incendièrent le toit, et chacun asséna un coup de poignard à l'abbé qui tentait de fuir.

LA RÉVOLTE DES CAMISARDS

Parce qu'ils portaient des chemises blanches afin de se repérer entre eux dans la nuit sombre des forêts cévenoles, les calvinistes qui, dès la révocation par Louis XIV de l'édit de Nantes, le 18 octobre 1685, s'insurgèrent contre les persécutions dès lors déchaînées, se trouvèrent appelés « camisards » (de *camisio*, « chemise » en occitan). Nicolas de Lamoignon de Bâville, intendant du Languedoc, qui compta parmi les plus cruels persécuteurs, fut secondé avec zèle par l'archiprêtre des Cévennes, l'abbé du Chayla. Les emprisonnements, les « brûlements » et autres tortures infligées amplifièrent la révolte, qui se concrétisa le 24 juillet 1702 à Pont-de-Montvert par la mise à mort de l'abbé du Chayla. Conduite par un prédicant, le « prophète » Abraham Mazel, cette expédition punitive d'une cinquantaine d'hommes fut le coup d'envoi d'une atroce guerre de deux années. Bien organisés, les paysans insurgés élirent leurs chefs : Pierre Laporte, surnommé Roland, un ancien dragon dont la légende fit « le comte et seigneur Rolland, généralissime des protestants de France », et Jean Cavalier, berger puis apprenti boulanger, véritable génie de la guerre qui, plus tard, en Angleterre, deviendra major général… et gouverneur de Jersey. En 1702, ces chefs valeureux menèrent leurs troupes de camisards à travers les Cévennes et tinrent en échec les armées du roi de France. Pris dans la guerre de Succession d'Espagne, ce dernier finit par envoyer sur le terrain dix mille hommes, un détachement d'élite, sous le commandement du maréchal de Villars. L'affrontement fut de part et d'autre abominable. Bâville et Villars finirent par négocier avec les insurgés après que le régiment de la Marine eut été anéanti à Martignargue, au sud-est d'Alès, en 1704. Cavalier échangea son retrait contre 1 200 livres et un brevet de colonel, accordés par le maréchal de Villars. Trahi par l'un de ses officiers, Roland fut tué près d'Uzès. Sa maison natale, à Mialet, abrite aujourd'hui le musée du Désert, consacré à l'épopée des huguenots cévenols.

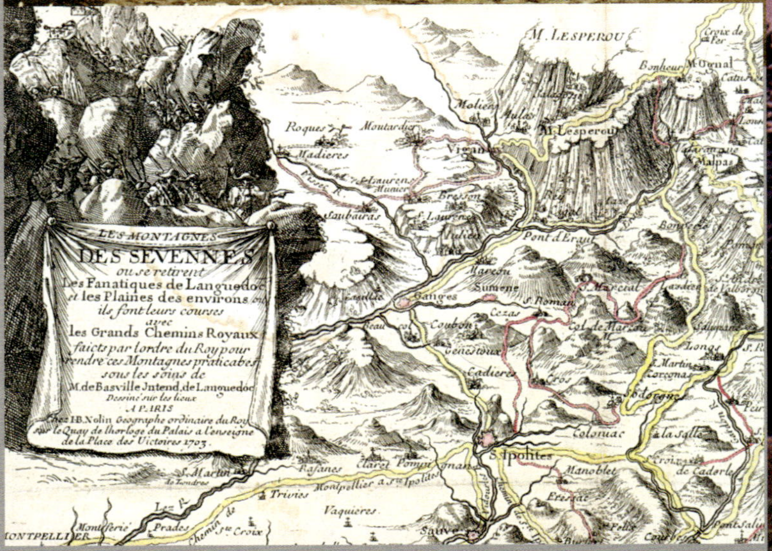

Ci-dessus : au frontispice de *l'Atlas des Cévennes*, publié en 1703 (conservé à la Bibliothèque nationale, à Paris), se dissimulent dans l'éboulis de rochers les soldats de Louis XIV. Les miquelets du Roussillon, francs-tireurs catalans, reconnaissables à leur bonnet, se mêlent aux troupes régulières pour épier les camisards.
En haut : portrait de Robert Louis Stevenson.
Ci-contre : le lever du jour près de Florac, l'une des deux anciennes capitales camisarde avec Alès. Quittant Pont-de-Montvert par la vallée du Tarn au « grondement merveilleusement sauvage », Stevenson chemina vers cette bourgade renommée pour les ruines de son château fort et, dit-il, pour ses jolies femmes. Mais la beauté du paysage et l'humeur fantasque de l'ânesse Modestine l'incitèrent à passer la nuit dans une châtaigneraie ouverte sur la vallée, comme ci-dessus. Au matin, il entra dans la ville où, surpris, il vit protestants et catholiques voisiner, désormais, dans la bonhomie générale.

« **Corniche des Cévennes** » désigne la route de crêtes qui, de Florac, mène à Saint-Jean-du-Gard, où Stevenson vendit Modestine avant de prendre la diligence pour Alès. Elle donne sur un panorama infini de lointains brumeux de « serres », chaînes de monts parallèles, et de « valats », les vallées profondes ainsi délimitées qui, parfois, se resserre sur les proches terrasses et vallonnements cultivés, comme ci-dessus. Tracé, dès la préhistoire, par la transhumance naturelle des bêtes, qui l'été fuyaient les sécheresses du Midi, puis par leurs chasseurs, ce chemin fut toujours un axe important de communication entre Nord et Sud.

Sur la route des bougnats Texte de Colette Gouvion, légendes d'Eve Sivadjian

Sur la route des forçats Texte et légendes de Marianne Boilève

Sur la route nationale 7 Texte de Colette Gouvion, légendes d'Eve Sivadjian

ROUTES D'**EXODES**

SUR LA **ROUTE** DES
BOUGNATS

Leur terre nourrissait mal les Auvergnats, mais, sous la main, ils avaient le bois dont Paris manquait, l'Allier, la Loire et puis la Seine pour le transporter. Ils se firent nautes et, de transport en commerce, s'adjugèrent peu à peu le quasi-monopole du bois et du charbon. Les plus entreprenants y ajoutèrent la vente du vin, un bout de comptoir… Leur route d'eau vive fut celle de l'opiniâtreté et du courage. C'est aujourd'hui un chemin de mémoire et de beauté : la route des bougnats.

① Villeneuve-d'Allier
Dans les gorges de la rivière, ce village situé sur la rive gauche et son vis-à-vis, Saint-Ilpize, virent passer jusqu'au milieu du XXe siècle des trains de radeaux, entraînés vers le nord dans le courant violent des crues hivernales. Constitués de troncs flottants, arrimés ensemble ou non, ils étaient guidés à la perche par des hommes qui se tenaient debout dessus. Fantasque, violent, l'Allier, dans de splendides paysages riches d'une biodiversité exceptionnelle, est considéré comme la dernière longue rivière vraiment sauvage d'Europe de l'Ouest.

Ils étaient hâves, hirsutes, loqueteux et de manières rudes. Ils parlaient une langue rocailleuse que, passé les limites de leur terre natale, plus personne ne comprenait. Ils pilotaient à la perche d'aléatoires radeaux de troncs d'arbre entassés, mal ficelés, toujours prêts à se disloquer, peu gouvernables. Quand ils mettaient pied à terre, un barrage provisoire retenant leur cargaison, les villageois se méfiaient d'eux : voleurs de poules, trousseurs de filles, et sans doute un peu sorciers ; était-il bien normal, pour une créature de Dieu, de chevaucher ainsi le tumulte des eaux ? Il n'empêche que l'on était bien heureux de prendre livraison de leurs grumes, qui deviendraient charpentes ou combustible. Ce furent les premiers transporteurs de bois, pour la plupart fils du Massif central, mais aussi bien d'Auvergne que du Morvan ou d'ailleurs. Ils y laissaient parfois la vie. Au XVIIIe siècle, tout change avec la construction du canal de Briare, dont le système de biefs permet le passage de l'Allier à la Loire. D'autres canaux suivent. La route de Paris est ouverte. On remet en service les sapinières, ces barges rudimentaires inventées par les Gaulois. Le haut Allier, aux forêts denses, devient le principal producteur du bois consommé par Paris, et les bateliers du beau fleuve, aujourd'hui encore sauvage, ont le quasi-monopole de son transport. Au bois s'ajouteront bientôt du vin, du charbon, déjà des produits locaux, la pierre de Volvic et même de hardis passagers. Le péril est toujours là, qui guette aussi les voyageurs des coches d'eau, mais les sapinières sont tout de même plus fiables que les radeaux de bois flottant. Quant aux équipages, ils continuent d'inspirer une certaine méfiance aux villageois. Pourtant, les bateliers auvergnats ne sont pas les seuls à descendre vers la capitale. Au XIXe siècle, nombre de leurs compatriotes, s'ils ne naviguent pas sur les cours d'eau, marchent au long de leurs rives, suivant, lorsqu'ils existent, les chemins de halage. Besace à l'épaule, bâton à la main, chapeau enfoncé sur la tête, sabots aux pieds, ils cheminent, des semaines durant, pour trouver à Paris l'ouvrage qui leur fait défaut chez eux, surtout à la mauvaise saison. Tandis que les mariniers ne font qu'aller et venir, et que, souvent, les hommes d'équipage, qui font le voyage de retour à pied, rentrent au pays les poches presque aussi vides qu'à leur départ tant ils ont festoyé sur place, les paysans, eux, s'ancrent pour une saison, parfois bien plus, avec une seule idée en tête : amasser, à force de travail et de vie austère, un petit pécule. Véritables émigrants de l'intérieur, ils assument des tâches rudes et modestes auxquelles les Parisiens rechignent. Ils sont porteurs d'eau à domicile ; les mieux équipés disposent d'une « tonne » pouvant contenir, attelée à un cheval, jusqu'à 1200 litres, les plus pauvres portent à l'épaule, au bout d'un joug, deux seaux d'une douzaine de litres. L'hygiène se développe : ils montent en étage le bain de Madame, avec la baignoire et l'eau chaude, et font place nette une fois la séance terminée. Bien entendu, en charrette à bras ou attelée, ils livrent aussi le bois. La demande d'eau va faiblir grâce aux adductions d'eau du baron Haussmann, mais ils savent s'adapter. Au bois ils ajoutent le charbon, se dotent de dépôts où ils servent aussi du vin aux ouvriers du quartier. Les « bois charbon » sont nés, qui dureront jusqu'à la Seconde Guerre mondiale, et même parfois un peu au-delà. Un nouveau nom est entré dans le vocabulaire parisien : « bougnat », raccourci de « charbougnat », terme dont les Parisiens affublent ces marchands, singeant ainsi ce qu'ils entendent de leur dialecte. On ne les respecte guère. On dit d'une personne sale qu'elle est noire comme un charbonnier. On leur donne, auprès des enfants, une image de père Fouettard : « Si tu n'es pas sage, le bougnat t'emportera dans son sac… » Les Auvergnats n'en ont cure ; ils bossent dur, s'installent, s'intègrent, grimpent dans l'échelle sociale et savent à merveille s'adapter. Quand, pour cause de guerre et de restriction, le commerce du charbon périclite, si beaucoup rentrent au pays, d'autres passent du vin à la limonade, au café-tabac, voire à la restauration. Marcelin Cazes, illustre fondateur de la brasserie Lipp, qui commença comme porteur d'eau, est le plus célèbre exemple de ces ascensions. De cette exemplaire histoire des bougnats, qui n'est pas sans rapport avec celle des Bretons, autres « émigrés de l'intérieur », deux faits sociaux demeurent marquants. Leur conquête de Paris, de père en fils, d'oncle en neveu, de frère en cousin, a eu pour base la solidité de leur entraide. Les anciens de la diaspora auvergnate accueillaient les arrivants, les logeaient, leur mettaient le pied à l'étrier, les aidaient jusqu'à ce qu'ils volent de leurs propres ailes. Ensuite, et contrairement à bien d'autres provinciaux installés à Paris, ils ne coupaient jamais les liens avec leur pays natal : ils y conservaient presque toujours une maison, et revenaient y vivre leur vieillesse. Ils le font encore aujourd'hui, et, lorsque l'on connaît la beauté des paysages qui les ont vus naître, on les comprend.

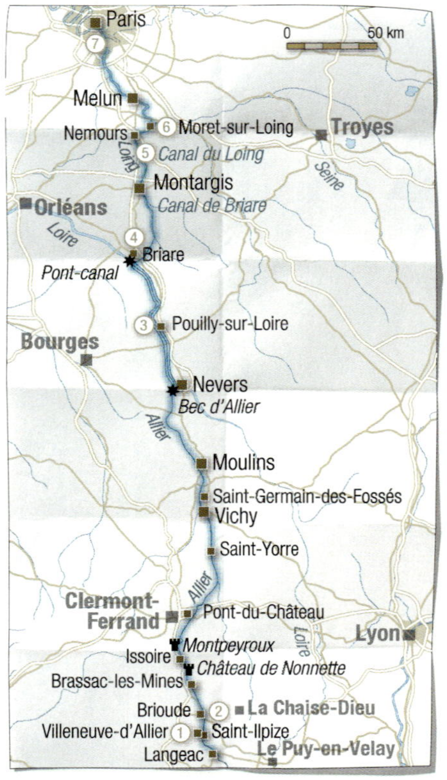

② **Vieille-Brioude** est située à 2 kilomètres au sud du début de l'Allier navigable, qualifié dans le passé de « marchand ». Au XVIIIe siècle, le port de Lamothe, un peu plus au nord sur la rive droite, accueillait les coches d'eau servant au transport des voyageurs. La navigation cependant était périlleuse, les crues modifiant sans cesse le lit, aussi les mariniers plantaient-ils une croix sur les hauts fonds présentant un obstacle.

TRAVAILLEURS, **SOLIDAIRES,** ILS RÉUSSISSENT…

Bois, charbon ! Jusque dans les années 50 (ici vers 1910), le charbonnier comptait parmi les fournisseurs courants des ménages parisiens. Ces bougnats avaient dans la capitale de nombreux dépôts, souvent associés à des débits de boissons. Les livraisons de charbon, de bois et, parfois aussi, de pommes de terre se faisaient ainsi en voiture à cheval, ou en voiture à bras pour les petites quantités.

Ch. BERTRAND

③ **Pouilly-sur-Loire** se trouve à mi-distance (496 kilomètres) de la source de la Loire et de son embouchure. Lorsque, ayant quitté l'Allier au bec d'Allier — l'endroit où il se jette dans le fleuve royal —, les grandes sapinières de transport à fond plat abordaient au port de Pouilly, il leur restait encore environ 100 kilomètres à parcourir avant Briare. Les habitants de cette très belle bourgade entourée de vignobles — aujourd'hui au cœur de la réserve naturelle du Val de Loire — utilisaient eux aussi la voie fluviale pour exporter vers l'Île-de-France leurs célèbres vins issus de sauvignon. Afin d'éviter que le lit du fleuve ne s'éloigne de leur rive, ils y réalisèrent d'importants travaux dès le XVIIIe siècle, et, au XIXe, construisirent un port avec quai maçonné et gare d'eau. L'antique voie romaine qui unissait Roanne à Orléans, reconnaissable à son dallage, longe ici la rive droite du fleuve.

④ **Le pont-canal de Briare** appartient au système du Canal latéral à la Loire, et non à celui du canal de Briare comme on le croit souvent. D'un canal à l'autre, il permet de traverser directement le fleuve, sans en entraver le cours. Il fallut attendre la fin du XIXe siècle et l'apparition des techniques métallurgiques pour réaliser cet ouvrage d'art, car aucun pont de pierre n'aurait pu passer au-dessus des plus grosses crues de la Loire. En fait, il s'en est fallu de 1 mètre pour que ce pont-canal ne soit lui-même atteint par la crue ! Il fut construit entre 1890 et 1896 ; sa maçonnerie fut confiée à Gustave Eiffel, qui fit reposer ses quatorze piles sur des caissons de 5 à 8 mètres de profondeur. Une poutre d'acier soutient le canal, simple cuvette d'acier également, de 2,2 m de profondeur sur 662,7 m de long et 11,5 m de large. La voie navigable est flanquée de chaque côté d'un chemin de halage sur lequel peinaient chevaux, hommes et mulets.

⑤ **Halage sur le Loing à Nemours en 1955** Par la construction du canal de Briare en 1642, le Loing devient un trait d'union entre l'Allier et la Seine par la Loire. Dès lors, le charbon de Brassac, en haut Allier, est exporté vers Paris et sa région. Le port de Brassac, Brassaguet sur la rive gauche de l'Allier, est créé, la batellerie prend de l'ampleur ! Au début du XIXe siècle, plus de mille sapinières par an remontent à Paris le précieux combustible. En quelques décennies, le fret est passé de quelque 16 000 tonnes annuelles à 55 000 tonnes vers 1850 ! Cet intense trafic fait vivre les trois quarts de la population, dont environ trois cent cinquante mariniers. Quatre ans plus tard, voilà ces derniers presque tous au chômage. Le transport vers la capitale du charbon du Nord, dorénavant exploité, coûte moins cher. En 1857, la ligne de chemin de fer de Clermont-Ferrand est prolongée jusqu'à Brassac, dont le charbon, quoique d'intérêt local désormais, sera extrait jusqu'en 1978.

⑥ **Moret-sur-Loing** À la lisière de la forêt de Fontainebleau, cette petite ville, célèbre grâce aux peintres qui, au XIXe siècle et au début du XXe, laissèrent de nombreuses œuvres représentants les rives verdoyantes de sa rivière, s'est construite au Moyen Âge autour d'un ancien gué. Navigable jusqu'au début du XVIIIe siècle, le Loing achemina dans ce paysage les trains de sapinières du haut Allier qui, à Saint-Mammès, quelques centaines de mètres plus au nord, arrivaient enfin sur les eaux de la Seine dans laquelle il se jette. Dès le XIXe siècle, l'irrégularité de son débit nécessita la construction de bassins de retenue, la canalisation et, enfin, le doublage de son cours par un canal. Entre les deux ponts, sous lesquels on aperçoit les vestiges d'anciens moulins à eau, la maison Bèque, construite sur un îlot, devait verrouiller l'accès à la porte est de cette cité médiévale aux confins de l'Île-de-France.

LA SAPINIÈRE GAULOISE, VINGT-TROIS SIÈCLES DE NAVIGATION

Pour naviguer sur l'Allier, qui ravageait périodiquement ses berges, emportait ses ponts et naufrageait ses bateaux, les Gaulois, trois cents ans avant l'invasion romaine, inventèrent la « sapinière ». Gabare de planches de sapin rudimentaire calfatée avec de la mousse de La Chaise-Dieu enrobée de goudron, elle navigua du cœur de l'Auvergne à Paris, s'arrimant aux quais dits aujourd'hui de Bercy jusqu'au début du XXe siècle ! À la fin du XVIIIe siècle, il y avait en haut Allier plus de trois cents scieurs de long pour construire environ deux mille cinq cents sapinières par an, nécessitant chacune dix sapins. À Jumeaux et à Vézézoux se fabriquaient les plus grandes, au plus faible tirant d'eau possible, un impératif compte tenu du poids des denrées transportées : charbon (dont des briques de poudre moulée étaient frappées d'une ancre, symbole de la batellerie prouvant le lien existant entre extraction et transport fluvial), charbon de bois, tonneaux de vin d'Auvergne, poteries, pommes, poires et autres produits des terroirs avoisinants. La navigation était seulement possible « en baissant », c'est-à-dire dans le courant et durant 180 à 250 jours par an. L'été était exclu du fait de l'étiage, et parfois le plus fort de l'hiver aussi à cause des tempêtes ou de la glace qui bloquaient les ports. Les sapinières, manœuvrées par cinq mariniers — qui dormaient sur la paille du fond de l'embarcation et mangeaient la nourriture cuite à bord par le « gabarier » dans une cahute de planches construite à l'arrière —, étaient encordées par cinq et ne naviguaient que le jour, sous la direction du « bout-à-vent », chef responsable qui, depuis la proue, ne quittait pas la rivière des yeux. Il fallait au minimum dix-huit jours pour atteindre Paris. Une fois déchargée, la sapinière était démontée et ses planches vendues comme bois de charpente ou de chauffage ! Leur vie étant éphémère, les sapinières n'avaient pas de nom. Et tandis que le chef regagnait le haut Allier en diligence avec le produit des ventes, les mariniers, ancre sur le dos, s'en retournaient en Auvergne, à pied pour la plupart d'entre eux.

En haut : le port de Bercy était encore en pleine activité en 1926. Venant de Bourgogne, entre autres, les péniches transportaient diverses denrées, par exemple des tonneaux de vin, déchargés à la grue puis acheminés vers les entrepôts voisins.
Ci-contre : livraison de charbon à Paris. Si le commerce du combustible était toujours aux mains des Auvergnats en 1940, le charbon ne venait plus de Brassac, mais des houillères du Nord.

Les charbonniers de l'Allier, dont le métier était jusqu'alors florissant à Paris, où de nombreux immeubles étaient équipés du chauffage central, seraient en 1940 (ici) bientôt en récession du fait des pénuries dues à l'Occupation. Pour quelques mois encore cependant, le charbon est déversé directement dans les caves par les soupiraux (comme ci-dessus), les livreurs — avec casquette et mouchoir autour du cou, coutume de la corporation — ne laissant jamais les sacs de chanvre, déjà considérés comme précieux. Un an plus tard, les chaudières de la capitale s'éteignant faute de combustible, chacun se résolut à installer quelque poêle de fortune dans les pièces où se regroupaient les familles. Il y eut pour le charbon, comme pour les autres denrées, des tickets de rationnement. Pénurie aidant, nombreux furent les « bougnats » qui reprirent le chemin des rives de l'Allier, en attendant des jours meilleurs.

⑦ **À Paris, les bords de Seine à la fin du XIXe siècle** Sur cette vue, prise des tours de Notre-Dame, se distingue au loin, rive gauche, le port dit alors « Saint-Landry quai de l'Hôpital », construit au XVIIIe siècle et ainsi baptisé du fait de sa proximité avec la Pitié Salpêtrière. Il s'étendait de l'actuel pont de Bercy à celui d'Austerlitz, et était plutôt dévolu aux coches d'eau, les bateaux de voyageurs. C'est en face, sur le quai dit aujourd'hui « de Bercy » (nom d'une seigneurie attestée au XIIe siècle à cet endroit), que venaient s'arrimer les sapinières du Massif central au terme de leur dix-huit à vingt jours de dangereuse navigation. En effet, les déchargements de matières pondéreuses, surtout bois, charbon, barriques de vin et de vinaigre, ont dès le XVIe siècle requis l'aménagement d'un véritable port avec ses entrepôts. Plus ou moins sauvages en 1809, ils devinrent « officiels » en 1878. Auberges, tavernes et tripots foisonnaient alentour.

⑦ **Les quais, au cœur de la capitale,** sont désormais dévolus aux péniches bourgeoisement habitées et à la navigation de plaisance, plus du tout à l'amarrage des barges de transport. Ici, *La Boudeuse,* célèbre trois-mâts d'exploration baptisé du nom de la frégate de Bougainville, qui découvrit Tahiti au siècle des Lumières. Cette superbe goélette fut, voici un siècle, navire marchand dans la Baltique et la mer du Nord. Elle a dorénavant pour vocation la découverte du monde, et plus précisément le contact avec les peuples les moins connus de la planète. Certes, avec ses 46 mètres de long, ses 700 mètres carrés de toile, ses 4,5 kilomètres de cordages et son équipage de vingt-quatre navigateurs chevronnés, elle n'a rien à voir avec la rudimentaire sapinière du haut Allier, mais elle en a renouvelé, à sa mesure, les dangereux exploits en quittant l'océan pour remonter sur toute sa longueur le fleuve Amazone jusqu'au pied des Andes.

SUR LA **ROUTE** DES
FORÇATS

Sous l'Ancien Régime, les forçats condamnés aux galères rejoignaient le lieu de leur supplice à pied. Dans tous les États méditerranéens, de longues files de galériens traversaient le pays en direction de leur port d'embarquement. En France, ils étaient acheminés jusqu'à Marseille le long de trois routes distinctes : celle de Paris, celle de Bretagne et celle de Guyenne. Drainant des cohortes de condamnés de Rennes à Marseille, la chaîne de Bretagne était la pire de toutes...

① **Rennes,** point de départ de la chaîne des forçats de Bretagne, rassemble des condamnés originaires de toute la région, mais aussi de la généralité d'Alençon. Parqués dans la conciergerie, les forçats subissent des conditions de détention si effroyables que nombre d'entre eux ont hâte d'emprunter le terrible chemin des galères... Le geôlier, seul maître à bord, ne connaît que la loi de l'arbitraire : il estropie qui bon lui semble à coups de bâton, vend tel autre comme piétaille pour la troupe et ferme les yeux sur l'évasion d'un troisième, qui l'a grassement soudoyé...

Pour propulser les galères, il faut des galériens. Dès les années 1670, les magistrats de Louis XIV, soucieux de servir les ambitions de leur monarque, multiplièrent les condamnations pour approvisionner en rameurs une flotte royale en pleine expansion... Un « conducteur général », rémunéré par l'administration du roi, était chargé d'extraire les forçats des conciergeries et de les conduire au grand arsenal de Marseille. Près de trente-huit mille condamnés furent ainsi « livrés » de 1680 à 1715 ! Les peines étant prononcées aux quatre coins du royaume, les chaînes de forçats qui quadrillaient le pays récupéraient à leur passage les condamnés des juridictions alentour. La chaîne de Bretagne, la plus longue et la plus meurtrière de toutes, partait de Rennes avec un premier contingent de condamnés bretons. Elle descendait en diagonale vers Marseille, suivant un trajet de près de 800 kilomètres qui pouvait se parcourir en six ou sept semaines. Comme la route longeait la frontière de la grande gabelle et qu'elle desservait des prisons peuplées de contrebandiers du sel, on la surnomme parfois la « chaîne des faux sauniers », mais cette redoutable chaîne convoyait aussi des vagabonds, des contrebandiers du tabac, des prisonniers de droit commun, nombre de protestants « opiniâtres » et parfois même de pauvres bougres expédiés aux galères « sans dire pourquoy »... Le calvaire des forçats commençait avec la terrible épreuve du ferrement. Les condamnés revêtaient d'abord une tenue de route en mauvaise toile grise. On leur rasait la tête, puis on leur posait un triangle de fer autour du cou. Reliés deux à deux, ils étaient ensuite enchaînés à un « cordon » de treize à quinze couples. Qu'il fût jeune ou vieux, valide ou estropié, bien portant ou malade, chaque condamné allait désormais cheminant, ses 15 à 20 kilos de fer pour tout bagage... Le programme de marche prévoyait des étapes journalières de 20 à 25 kilomètres, et il leur fallait arriver au bivouac avant la tombée de la nuit afin que soient limités les risques d'évasion. La chaîne se remettait en branle au petit matin. Elle quittait les faubourgs de Rennes en direction de la Touraine. Les jours suivant, elle traversait Angers, Saumur et Tours. Dans ces trois villes, les faux sauniers condamnés aux galères attendaient presque avec impatience son passage tant le manque de nourriture, les maladies et les mauvais traitements rendaient effroyable leur séjour en prison. Des témoignages évoquent ces « hommes que les geôliers délivrent aux conducteurs presque nuds, et dans un estat digne de pitié s'ils en étoient capables »... En dépit des morts et des abandons décidés par le conducteur en raison du piteux état de ses recrues, la chaîne grossissait de jour en jour, de ville en ville. À Tours, elle absorbait les « cordons » du Poitou, du Maine et de l'Orléanais. Et poursuivait sa route, remontant la vallée du Cher et les méandres de l'Auron, traversant Montrichard, Saint-Aignan, Selles, Vierzon, Bourges et Moulins. Partout le convoi de forçats s'annonçait dans un effarant cliquetis de fers et de chaînes. Partout il suscitait à la fois terreur et fascination. Les uns fuyaient, les autres accouraient. Dans les villes, on se pressait pour voir passer la monstrueuse caravane. Dans les villages, l'effroi l'emportait souvent sur la curiosité. Le soir, l'arrivée à l'étape se déroulait selon un rituel immuable. Dans les villes importantes, le convoi faisait parfois escale dans la prison, dans une église ou sous les halles. Mais une cohorte de plusieurs centaines d'hommes n'est guère commode à loger... La plupart du temps, la chaîne s'arrêtait donc dans des granges ou des étables que les aubergistes acceptaient de mettre à leur disposition. Les forçats, harassés, devaient encore se soumettre à la fouille avant de se voir distribuer leur pitance. L'alimentation était cruellement insuffisante : un morceau de pain, un bout de fromage et « un demi septier de mauvais vin pour chacun ». Après une mauvaise nuit, il fallait à nouveau se mettre en chemin. Moulins, Lapalisse, Roanne... La route était longue encore avant d'atteindre le port de Marseille. Et le pire était à venir. La traversée des monts du Beaujolais, par Tarare et L'Arbresle ? Des dizaines de forçats, épuisés, y ont perdu la vie. Puis c'étaient les faubourgs de Lyon, l'arrivée sur le Rhône... et le début de la sinistre croisière jusqu'au port d'Avignon. Embarqués comme des marchandises sur des navires à fond plat, les forçats étaient soumis pendant près de dix jours aux caprices du fleuve et des bateliers. À Avignon, il leur restait encore une centaine de kilomètres à parcourir jusqu'à Marseille, leur prochain enfer. Saint-Rémy-de-Provence, Orgon, Lambesc, la campagne aixoise... Les paysages de Provence agissaient comme un baume, une consolation. La lumière et les parfums du Midi, les troncs noueux des oliviers, arbres alors inconnus de nombreux forçats, les vergers d'orangers en fleurs et, soudain, la mer, immensément calme et bleue, offraient un tableau qui, se disaient-ils parfois, devait « être bien doux aux yeux d'un homme libre »...

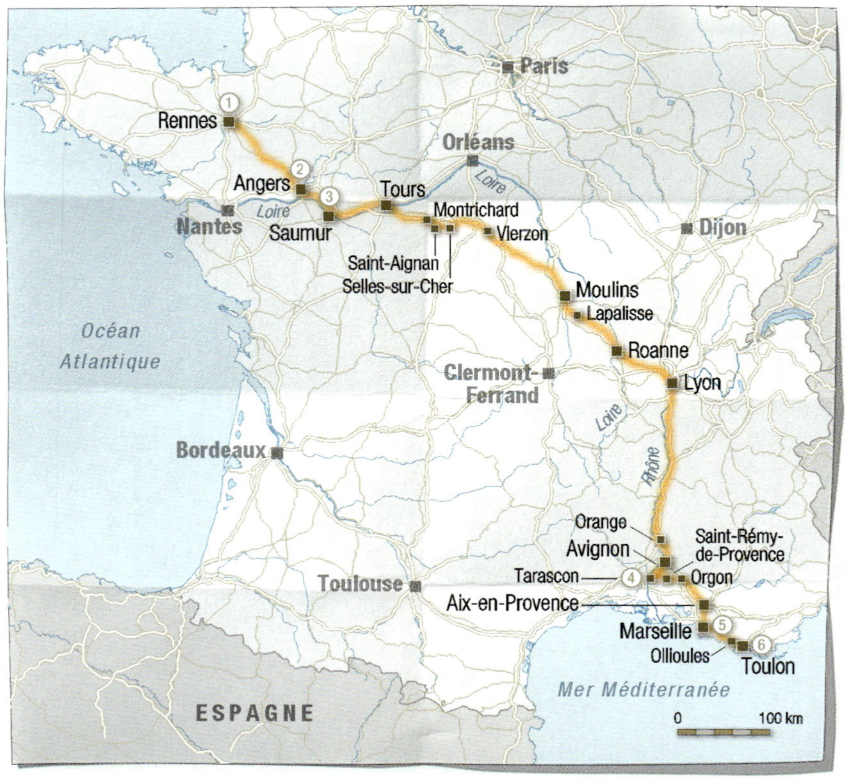

DES COMDANNÉS **À UN CALVAIRE** DE 800 KILOMÈTRES...

② **Le château d'Angers** est une impressionnante forteresse féodale bâtie au IXe siècle pour lutter contre les invasions normandes. Elle fut pendant longtemps l'une des plus redoutables constructions militaires du royaume de France. Ses fortifications de schiste et de calcaire, protégées par dix-sept tours, étaient réputées imprenables… Transformé en prison d'État sous le règne de Louis XIV, le château devint une des pires geôles du pays. Les mauvais traitements, la malnutrition et les maladies y étaient monnaie courante. Les murs des cachots portent encore la trace de graffitis désespérés, gravés par les détenus condamnés aux galères.

LA TOUR GRENETIÈRE, UN AVANT-GOÛT DE L'ENFER

Si son nom évoque un grenier — les édiles de Saumur ont engrangé là le grain en prévision des temps de disette —, la tour Grenetière a longtemps souffert d'une sinistre réputation. Partie intégrante des remparts de la ville, elle vit sa vocation militaire devenir sans objet au lendemain de la Fronde. En 1664, les adjudicataires des gabelles, chargés de réprimer la contrebande du sel, obtinrent du roi de pouvoir y enfermer les faux sauniers jugés et condamnés par la cour souveraine de Saumur. La tour fut alors reconvertie en prison, au grand dam du conseil de ville. Plusieurs centaines de détenus ont ainsi été entassés dans ses geôles. Enchaînés par les pieds à une poutre centrale, ils subissaient des conditions de détention épouvantables, qui empirèrent à partir de 1695, lorsqu'on décida de les enchaîner deux par deux par le cou... En 1711, le curé de Saumur, indigné par le calvaire qu'enduraient ces malheureux, rédige un long mémoire au contrôleur général. Il y décrit des condamnés « couchés sur de la paille pourrie et pleine de vermine [...], entassés les uns sur les autres », s'infestant et s'étouffant mutuellement. Le brave curé recense plus de deux cents décès dus à la peste et à la dysenterie au cours des deux années précédant sa visite. Onze ans plus tard, le secrétaire d'État à la Marine fait le même constat. Il déplore notamment que les soixante-dix-huit forçats (dont soixante-seize faux sauniers) de Saumur qui doivent rejoindre la chaîne de Bretagne « se sont trouvés entièrement nuds, et d'un foiblesse à faire craindre qu'ils ne puissent estre conduits à Marseille, parce que la pluspart ayant esté détenus pendant une année dans la tour Grenetière [...] n'y ont esté nourris qu'un pain et à l'eau [...] ; en sorte que ces hommes qui paraissoient avoir esté robustes et en bonne santé sont exténués et inutiles pour le service des galères ». Devenue prison communale à la Révolution, la tour Grenetière connaîtra quelques modestes aménagements, mais sa vocation carcérale perdurera jusqu'en 1838...

En haut : les protestants de Saumur se soumettent à Louis XIII et lui offrent les clés de la ville (1621). Certains seront déportés.
Ci-contre : haute de 34 mètres, la tour Grenetière était constituée d'un cachot souterrain de quatre étages. Le greffe était installé au rez-de-chaussée, et les salles de détention au-dessus. Tinettes et étroits guichets avaient été aménagés, mais l'édifice demeurait un véritable mouroir. Après le dépôt de nombreuses plaintes, trois hautes fenêtres furent ouvertes, et les douves furent remplacées par des préaux et des cours entourées de hauts murs.

③ **La prison de Saumur** était l'une des plus vastes du royaume. Si la tour Grenetière recevait la grande majorité des condamnés aux galères, le château, lui, servait de prison pour les personnalités enfermées par lettre de cachet, comme Fouquet. On y retenait aussi des protestants « opiniâtres », des soldats déserteurs, des prisonniers de guerre ou des condamnés pour dettes. La semaine précédant le passage de la chaîne de Bretagne, on y entassait également les futurs galériens qui avaient été acheminés des juridictions alentour. Au début du XVIIIe siècle, un curé de Saumur raconte que les détenus de la tour Grenetière, exténués par les conditions de détention, demandaient à rejoindre la chaîne des forçats au moment de son passage dans la ville : « Ces pauvres gens demandaient en grâce qu'on les y attachât, et ils s'empressaient à qui y seraient mis les premiers, pour être délivrés d'une prison qu'ils trouvaient plus insupportable que les galères. »

La chaîne des forçats ne disparaît pas avec les galères. Abolie en 1748, l'infamante institution est remplacée par une sentence à peine préférable : la condamnation au bagne. Les détenus doivent désormais être transférés, non plus à Marseille, mais à Toulon, à Brest, à Rochefort ou à Lorient. Si le parcours change, le principe reste le même. Les convois regroupent des condamnés liés deux par deux, ferrés par le cou et rattachés à une lourde chaîne rassemblant une trentaine de personnes. Partie de Paris, chaque chaîne avance selon un trajet précis, qui, étape par étape, permet de récolter de nouveaux bagnards au passage des villes. À la fin du voyage, le convoi peut ainsi absorber plus de cinq cents condamnés. Survivant à la Révolution, la chaîne n'est abandonnée qu'en 1836, le transport des détenus se faisant dès lors par fourgon cellulaire, procédé considéré comme plus sûr, plus rapide… et plus humain.

④ **Le château de Tarascon** « Toutes les rivières navigables qui se trouveront sur leur route » devront être empruntées par les forçats : préconisée en 1686 par Michel Bégon, intendant général des galères, cette mesure, destinée à protéger la condition physique des hommes, vire parfois au cauchemar. Surtout sur le Rhône… Embarqués sur de longues barges à fond plat tirées par des bateliers, les condamnés sont entassés comme de vulgaires marchandises, assis ou couchés sur une litière de paille, une simple toile les protégeant des agressions du soleil, de la pluie et du vent. Selon les conditions de navigation et les intempéries, le voyage peut durer jusqu'à une dizaine de jours, dix jours de navigation durant lesquels les forçats, privés de liberté de mouvement, endurent le froid ou la chaleur, les assauts des vagues, les miasmes des uns, la violence des autres… Le malaise est si profond que la chaîne, qui débarque habituellement à Tarascon, rejoint parfois la terre ferme dès Avignon.

⑤ **Le port de Marseille,** ultime étape d'un long et harassant voyage... Les forçats, « chargés de fer et de chagrin », entrent par la porte d'Aix, descendent vers le port dans un assourdissant fracas de chaînes et pénètrent dans l'arsenal des galères. Véritable « ville dans la ville », l'arsenal de Marseille est, depuis son achèvement en 1707, le plus important de France. Il abrite, outre quarante galères en service, des ateliers, des magasins, un parc d'artillerie et des milliers d'hommes. Les forçats nouvellement arrivés rejoignent le contingent des douze mille « benevoglies », recrutés ou condamnés à propulser les galères par la seule force de leurs bras. De novembre à avril, lorsque les navires restent à quai, les galériens continuent de vivre et de dormir à bord. Certains, plus fortunés que d'autres, sont déferrés quotidiennement pour aller travailler, moyennant un salaire de misère, chez les armateurs, les bourgeois ou les artisans de la ville. Ci-contre: *L'entrée du port de Marseille*, Joseph Vernet, XVIIIe siècle, musée du Louvre.

La pose des fers au bagne de Toulon La disparition du corps des galères, en 1748, a pour conséquence le déplacement du bagne de Marseille à Toulon, mais les procédures d'« admission » ne changent guère. Arrivé à destination, le forçat est remis aux autorités, qui prennent connaissance de son forfait et de la durée de sa peine. Il est d'abord inspecté par le chirurgien, débarrassé de ses fers, puis conduit aux « bains ». L'administration lui remet alors un bonnet et un habit de bagnard, dont la couleur varie en fonction de la peine. On lui pose ensuite un cercle de fer au pied, avec un anneau muni d'un bout de chaîne afin de pouvoir l'immobiliser si besoin est. Les plus durs sont enchaînés deux à deux. Employés à divers travaux de force, les bagnards seront longtemps logés sur les galères avant que des bâtiments ne soient construits et aménagés sur un des quais du port de Toulon.

⑥ **Le maquis toulonnais,** tout en garrigues et forêts impénétrables, faisait rêver les bagnards en mal d'évasion… avant d'attirer les touristes. Ses à-pics et sa végétation d'arbousiers, de genévriers, de pins et de chênes verts constituaient un asile de choix pour les fugitifs. Les évasions réussies sont pourtant bien rares. Pour un Vidocq libre, combien de malheureux repris ? Car il ne suffisait pas d'échapper à la vigilance des argousins pour se faire définitivement la belle. Il fallait aussi des complices, un guide, un passeur, des « habits de liberté »… Et quand bien même ces conditions étaient réunies, le forçat, aisément repérable à son crâne rasé, ses marques au fer rouge (« TP » pour la condamnation à perpétuité…) ou la manille de sa cheville, se faisait souvent prendre par les croquants du pays, appâtés par la prime de 60 livres promise pour sa capture…

TAXI
MOBIT
LIBRE

SUR LA **ROUTE**
NATIONALE 7

Elle est séduisante et farceuse, snob et populaire, utile et hédoniste. Elle flirte avec la Loire, vit une histoire d'amour avec le Rhône et, quand elle le quitte, lui donne rendez-vous dans les clapotis bleus de la Méditerranée. De la porte d'Italie, au sud de Paris, aux portes de l'Italie, elle enchaîne, dans une diversité inouïe de paysages naturels et bâtis, 996 kilomètres de plaisir pour les yeux, la tête, le corps. Une route, la N7 ? Mieux : une initiation à l'art de vivre.

① **Paris,** paralysé par les grands départs du Ier juillet et du Ier août ou, comme ci-contre en 1961, par les longs week-ends du mois de mai. Empruntant les grands axes (ici, le quai des Tuileries), Parisiens et banlieusards, qui pour la plupart passent par la capitale, tentent par dizaines de milliers de gagner les portes d'Orléans et d'Italie, où la N7 mène vers Fontainebleau l'interminable chenille qui s'étrangle dans chaque localité du parcours. Entre 1950 et 1960, le nombre d'automobiles, en France, est passé de 1,5 million à quelque 8 millions.

Bonjour, je suis la nationale 7, la plus célèbre des routes de France. Sans fausse modestie, j'ajouterais l'une des plus séduisantes. Vous m'avez préférée aux fadeurs corsetées de ma fausse sœur l'autoroute, que je ne cesse d'ailleurs de narguer. J'en conclus que vous aimez mieux savourer que dévorer, flâner plutôt que foncer, et vous arrêter où vous voulez. Nous sommes donc faits pour nous entendre ! Mais puisque nous allons cheminer ensemble un moment — qu'il soit bref, puisque vous pouvez me quitter à Fontainebleau, à Sens ou à Lyon, entre autres, ou que nous ne nous séparions qu'à la frontière italienne —, j'aimerais que nous fassions un peu mieux connaissance. Tout d'abord, soyons clairs. La « 7 » est un terme générique, en quelque sorte une marque. Il m'arrive de me glisser dans le lit de la 6, de la 8, et même — de plus en plus souvent, hélas — de ne plus figurer sur les cartes routières que comme une banale « N quelque chose », voire même une modeste départementale. Si le jeu vous amuse, suivez mon trajet, cherchez les erreurs. Mais est-ce bien important ? Si je perds parfois mon nom, je demeure la même, et nul ne s'y trompe. J'aimerais aussi rétablir la vérité sur mon histoire. Je ne suis pas tombée du dernier bitume. Je dois beaucoup aux Romains. Même si la *via Aurelia* s'arrête aux portes de Menton, ils ont continué bien au-delà à paver et à baliser des voies de communication. De Lyon à Paris dans un sens, et jusqu'à la Méditerranée dans l'autre, mon parcours, souvent, en porte trace. Il me faut aussi saluer Louis XI, roi peu charismatique mais efficace. C'est lui qui mit en place un réseau de routes des postes, où j'ai largement tenu mon rang, et même la plantation des ormes qui nous bordaient, balisaient notre tracé et offraient leur ombre aux chevaux et aux hommes. Voitures de poste, diligences, carrosses des grands, ce temps-là a duré plusieurs siècles et je l'ai follement aimé. Gais étaient, sur le pavé, le martèlement des sabots, les grelots, les cris, les chansons, les jurons des postillons. Tout au long du trajet, des relais s'étaient installés ; humbles et puissants s'y côtoyaient, grandes dames et bourgeoises, seigneurs et commerçants, notaires et ecclésiastiques s'y partageaient les lits, les nourritures rustiques et la piquette : quelle belle pagaille. Aujourd'hui encore, j'en ai la nostalgie. Certains de ces relais jalonnent encore mon parcours, beaucoup, fiers d'afficher leur mémoire vénérable, sont devenus d'élégants établissements… mais où donc est passée l'effervescence d'antan ? Si rois et puissants ont bien veillé à mon état, j'ai eu aussi mon épisode révolutionnaire. En 1792, il s'était formé en Provence une « Société des amis de la constituante ». La Marseillaise leur vint aux oreilles, je ne sais comment. Ils la popularisèrent, en firent leur hymne et m'en emplirent les oreilles tandis qu'ils montaient à Paris pour défendre la révolution et participer, le 4 août, à la prise des Tuileries. Puis le temps passa. Longtemps encore je ne connus que les sabots des chevaux tandis que passaient les changements de régime, et que j'étais prise en main par le corps des Ponts et Chaussées. Advint alors l'ère des chevaux-vapeur, encore entité indistincte jusque-là, et plutôt « 6 » que « 7 », je fus dotée en 1935, pour cause d'inflation du trafic, d'un nouveau bras qui devait drainer de Fontainebleau à Roanne une partie du flot touristique. La « 7 », sans contestation possible. On la baptisa « Route bleue » pour faire plus joli. La confusion persistant, tout ce que l'on continuait à nommer la « 7 » passa à l'azur. Bien d'autres changements, depuis, sont survenus. D'autres s'annoncent. Fasse le ciel que je ne sois pas découpée en tronçons de voies rapides et de mornes autoroutes. France, ton patrimoine est en danger ! Je veux aussi faire justice de mes fréquentations. Si je fus la route du fric, de la jeunesse dorée, ce ne fut après tout qu'un épisode plutôt bref. En effet, si de jolis bolides « descendaient sur la côte », il ne faut tout de même pas oublier que les vrais seigneurs de mon macadam étaient les poids lourds, roulant de nuit comme de jour. Pour eux s'ouvrirent les « routiers », héritiers populaires des relais de poste d'antan, où l'on pouvait parfois dormir, en tout cas à tout moment casser la croûte, boire un café ou vider un canon. Et puis il y avait les congés payés, et avec eux les 4 L, les 2 CV, les vieilles bagnoles poussives surchargées de bagages et de mômes. Ils n'allaient pas à Saint-Trop' ou à Antibes, mais vers des destinations plus modestes, et leur bonheur me comblait de fierté. Oublions le passé, je vous offre le présent. Avec moi, vous allez passer d'un paysage à l'autre, d'une architecture à l'autre, d'un accent à l'autre, avec les vins et les mets à l'image de chacun d'eux, délicats en pays de Loire, goûteux en Bourgogne, guillerets dans le Midi… Vous ne saurez quel restaurant gastronomique choisir, du côté de Roanne, de Vienne ou de Lyon, quel monument visiter, quel lieu mythique révérer… Alors maintenant, mettez le contact. Et vivons ensemble une nouvelle histoire !

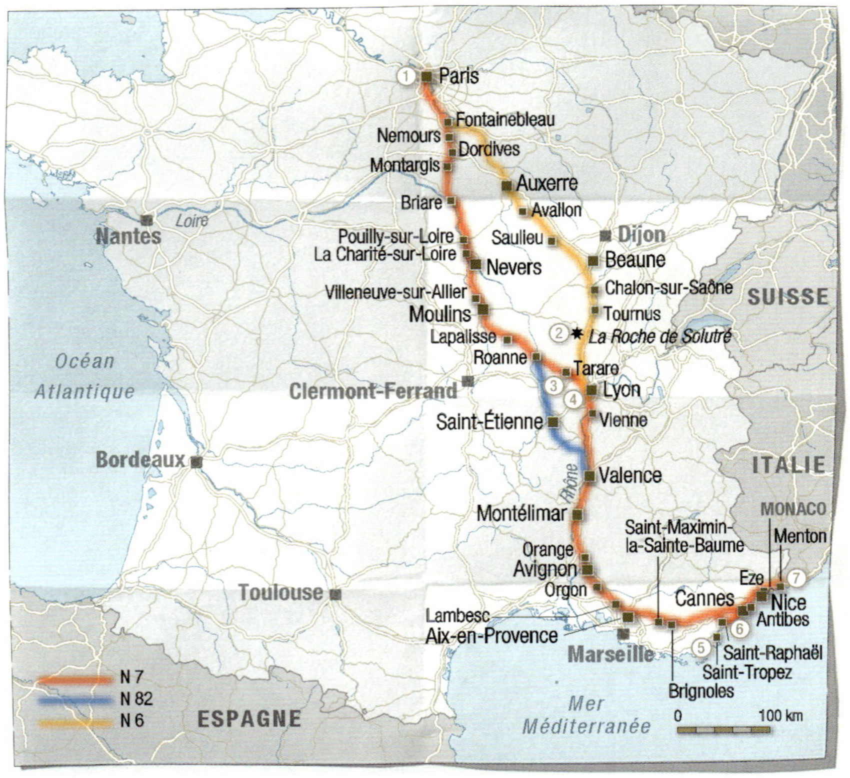

ELLE PERD PARFOIS **SON NOM, MAIS** DEMEURE LA MÊME…

② La roche de Solutré, circuit par la Bourgogne

Ces coteaux annoncent déjà le Sud. À la moyenne appréciable de 60 kilomètres à l'heure, si tout va bien, l'automobiliste de la fin des années 50 roule depuis cinq à six heures lorsqu'il atteint Mâcon. Il peut alors quitter la N6 (qu'il prend pour la N7), pour pique-niquer au pied de la roche de Solutré, dans les vignes qui donnent le célèbre pouilly-fuissé.

La Route bleue, appellation touristique créée avec les congés payés et l'intérêt croissant des Français du nord de la Loire pour le Midi et la chaleur estivale, n'était autre que la nationale 7. Reliant Fontainebleau à Roanne par La Charité-sur-Loire, Nevers, Moulins et Tarare, elle devait drainer vers l'ouest de la Bourgogne et le nord de l'Auvergne une partie du flot touristique qui engorgeait la nationale 6, que la plupart des usagers croient être la N7. Officiellement ouverte en juillet 1935, cette route fut dotée d'un « comité central de la Route bleue », de dépliants touristiques (ci-dessus), de fêtes champêtres, d'expositions itinérantes, et même d'une reine. Le succès fut loin d'égaler les espérances. Avec pour slogan « Entre Paris et la Méditerranée, prenez le vert sur la Route bleue », les organismes de tourisme régionaux tentèrent en 1972, sans grand résultat, de relancer la campagne.

③ **Le viaduc de Tarare et, au fond, la chapelle de Bel-Air** La montagne de Tarare, que la N7 franchit avant de rejoindre la N6 au sud de Lyon, compta longtemps parmi les « points noirs » du parcours. Aux voitures qui, l'hiver après de belles glissades, se retrouvaient (dans le meilleur des cas) sur les bas-côtés de sa chaussée verglacée, succédaient l'été celles qui, capot relevé sur des jets de vapeur, devaient « laisser refroidir ». Célèbre au XVIIIe siècle pour ses mousselines et ses peluches, la ville fut surnommée dans les années 50 la « capitale du rideau » pour ses voilages de tergal. Depuis 1970, Tarare mise sur ses atouts touristiques : paysages harmonieux et pureté des rivières, le Taret et la Turdine, enjambée à 26 mètres de haut par ce magnifique viaduc ferroviaire de 370 mètres de long, inauguré en 1866 pour relier Roanne à Lyon. Sur la colline, la modeste chapelle de Bel-Air fut, dit-on, construite par tous les Tararais autour d'une statue de la Vierge, qui, selon la légende locale, ne voulait être déplacée.

④ **Lyon,** l'une des clés routières les plus importantes de France depuis la préhistoire, a toujours été l'un des points majeurs d'encombrements. Baptisée « Étoile d'Agrippa » par les Romains parce que le général et conseiller impérial Marcus Agrippa, en l'an 20 avant Jésus-Christ, en avait fait le carrefour des grandes voies entre Rome et la Gaule, l'opulente cité que baignent Rhône et Saône vit sans doute les bouchons les plus spectaculaires du XXe siècle. C'est en effet au cœur de la ville, non loin de cette passerelle du Collège lancée au-dessus du fleuve royal pour relier la presqu'île aux autres quartiers, que se retrouvent, véritables sœurs jumelles, les deux routes de poste construites sous Louis XI, aujourd'hui devenues N6 et N7. Elles se rejoignent place Valmy, devant la mairie du neuvième arrondissement. Le tunnel de la Croix-Rousse, inauguré en 1952 pour tenter de désengorger la ville, fut vite débordé. L'actuel tunnel, sous Fourvière, suite de l'autoroute A6, n'a rien à lui envier…

Sur le parcours de la N7 et celui de la N6 fleurissent routiers et restaurants gastronomiques. Les tables régionales acquièrent un renom national, comme *La Côte d'Or* (devenue le *Relais Bernard Loiseau*) sur la N6 à Saulieu, en Bourgogne, déjà mentionnée avec trois étoiles « au Michelin » en 1935, ou comme la *Maison Troisgros* sur la N7 à Roanne, « découverte » en 1968 par Gault et Millau comme « le meilleur restaurant du monde » ! À Lyon, *La Mère Brazier* devient une table incontournable dès 1921, comme le « Paul Bocuse » à Collonges-au-Mont-d'Or, *La Pyramide*, à Vienne, et, en plein cœur de Valence, la *Maison Pic*, qui vers 1921 s'imposa à la suite du *Restaurant du Pin* (ci-dessous), fondé en 1889 au bord de cette N7 par Sophie Pic. La descendante de cette dernière, Anne-Sophie Pic, a dans son « bistrot », *7 par Anne-Sophie Pic*, fait un clin d'œil à la célèbre route : le décor en reprend tous les symboles, de la signalétique routière tracée sur le sol aux bornes kilométriques, telle celle ci-dessous, plantée en Provence après Brignoles.

DE SAINT-GERMAIN-DES-PRÉS À SAINT-TROPEZ

« Nationale 7 [...] / Route des vacances / Qui traverse la Bourgogne et la Provence / Qui fait d'Paris un p'tit faubourg d'Valence / Et la banlieue d'Saint-Paul-de-Vence... » C'était en 1955-1960, le grand début du phénomène estival qui vaut aujourd'hui à l'autoroute A6 ses quelque 500 kilomètres de bouchons. La chanson de Charles Trenet, le « Fou chantant », faisait florès à la radio. Au caveau de la Huchette, à Paris, le saxo alto de Sidney Bechet pleurait tout l'hiver *Dans les rues d'Antibes*, qu'il faudrait attendre l'été pour revoir. Dans ces années-là, le bonheur était sur la route, et plus précisément sur celle du Midi. Les exodes saisonniers qui lançaient alors les citadins du Nord vers le Midi étaient justifiés par le soleil garanti et l'éphémère bronzage, triomphe du retour. Mais il y avait plus. « Aller sur la côte », expression qui, balayant les quatre cinquièmes du littoral français, ne désignait que les plages méditerranéennes, faisait entrer le voyageur — en automobile, cela va de soi — dans une dimension mythique. Un mythe né au cœur de la capitale sous l'impulsion des cinéastes de la Nouvelle Vague. Autour gravitait — de loin le plus souvent — une poignée de jeunes gens de la « jeunesse dorée » éblouis par deux « gamines de vingt ans » qui faisaient scandale : l'une, Sagan, avec un « sulfureux » succès de librairie, succès jusqu'alors réservé aux écrivains chevronnés, l'autre, Bardot, avec un physique superbe, qu'elle montrait effrontément. L'époque était ludique, l'avenir s'annonçait radieux. Féroce, l'appétit de vivre allait en liberté. DS, Jaguar et autres luxueux bolides animaient le décor. On prenait un verre à Saint-Germain-des-Prés, évidemment, au Flore ou aux Deux Magots, et un peu plus tard au Drugstore. Mais que faire à 6 heures, 7 heures du soir ? « Alors, chiche ! » lançait quelqu'un. Mot d'ordre, branle-bas de combat. Qui irait avec qui ? Les portières claquaient. Les moteurs rugissaient et c'était la ruée vers la N6, dite nationale 7. Au bout de la France et de la nuit, le double café-croissants beurre avalé à la terrasse de Sénéquier ou du tabac d'à côté, sur le port de Saint-Tropez, avait la saveur de la grande aventure. Après, il fallait bien remonter.

En haut : le café de Flore (ici en mai 1955) est depuis sa création, en 1887, le rendez-vous des artistes et des écrivains de l'avant-garde. Après le surréalisme, l'existentialisme y naquit avec Sartre, qui y venait entre 1939 et 1945. On y vit Boris Vian, Juliette Gréco et, dès 1960, les cinéastes de la Nouvelle Vague. **Ci-contre :** sur le port de Saint-Tropez en 1958, Brigitte Bardot pouvait flâner sans attirer la foule. L'actrice venait d'acheter La Madrague, qui fut le cadre de fêtes grandioses avant d'être donnée par BB à sa fondation de secours aux animaux.

⑤ **Saint-Tropez, les yachts dans le port, juin 1964** La route d'accès à cette « petite ville modeste poussée dans l'eau comme un coquillage » (ainsi que la décrit Maupassant à la fin du XIXe siècle), devenue le rendez-vous estival des célébrités de la planète, est la N98, qui seule longe la côte. Contrairement à l'idée reçue, ce n'est pas la nationale 7. Cette dernière passe en effet très au nord du massif des Maures, pour atteindre la proximité du rivage méditerranéen seulement en entrant dans Cannes, qu'elle traverse de bout en bout parallèlement à la Croisette.

⑥ **La Corniche d'Or,** magnifique belvédère qui épouse le littoral de l'Esterel, fut construite à l'initiative du Touring Club de France et inaugurée en 1903 sous le nom de « nationale 7 », qui lui fut ravi en 1935. C'est, aujourd'hui, la N98. La N7 passe désormais au nord du massif, au pied du mont Vinaigre, qui culmine à 616 mètres.
L'Esterel, près du cap Roux, janvier 1957 C'est au cap Roux que la Corniche d'Or offre l'un de ses plus somptueux paysages. L'Esterel s'y révèle tel que le vit Guy de Maupassant vers 1896 : « La longue côte rouge tombe dans la mer qu'elle fait paraître violette. Elle est bizarre, hérissée, jolie, avec des pointes, des golfes innombrables. » Sur la voie ferroviaire qui en épouse le tracé, sauf pour s'engouffrer sous la montagne, circulait le Train Bleu, qui relia Paris à Vintimille jusque vers 1975. Les voyageurs, en wagons-lits seulement, s'éveillaient par ici pour profiter du paysage.

⑦ **La baie de Menton** se révèle soudain, étincelante dans toute son ampleur, juste après les hauteurs de Roquebrune où, venant de La Turbie, au-dessus de Monte-Carlo, la nationale 7 déboulait de la Grande Corniche. Curieusement, cet ultime tronçon de la route mythique ne longe pas les plages mais pénètre dans la ville, juste derrière les « palais » du front de mer. Filant par la rue Saint-Michel, la N7 pique sur le port au pied de la vieille ville et reprend son nom le long du quai Bonaparte, qui ourle la baie de Garavan pour ses dernières centaines de mètres. Au bout, à 996 kilomètres de Paris, c'est l'Italie.

Bibliographie

Ouvrages généraux et encyclopédies

Grand Dictionnaire encyclopédique (15 volumes), Librairie Larousse, 1985

Histoire de la France et des Français au jour le jour, André Castelot et Alain Decaux, Librairie académique Perrin, 1977

La Civilisation de l'Occident médiéval, Jacques Le Goff, Arthaud, « Les grandes civilisations », 1984

Quand les cathédrales étaient peintes, Alain Erlande-Brandenburg, Gallimard, « Découverte », 1993

Brève histoire de la pensée économique d'Aristote à nos jours, Jacques Valier, Flammarion, 2005

Guides

Route des grandes Alpes, Gallimard, «Guides Gallimard », 1999

Alpes-Maritimes, Gallimard, « Guides Gallimard », 2003

Provence, Guide du Pneu Michelin, 1960

Voyages en Provence, Alpes, Côte d'Azur, Gallimard, « Découverte Gallimard », 1997

Côte d'Azur, Haute Provence, Guide du Pneu Michelin, 1964

Var, Gallimard, « Encyclopédie de Voyage », 2004

Parc national des Cévennes, Gallimard, « Guides Gallimard », 2000

Ouvrages spécialisés

ROUTES **DIVINES**

ROUTE DES CATHARES

Histoire des cathares, Michel Roquebert, Perrin, « Tempus », 1999

Les Cathares, pauvres du Christ, Anne Brenon, Gallimard, « Découvertes Gallimard », 2005

Le Sentier cathare, ouvrage collectif, Randonnées pyrénéennes, 1988

Les Cathares en Occitanie, collectif, Fayard, 1982

Épopée cathare, Christine Thouzellier, Privat, 1989

ROUTE DE JEANNE D'ARC

J'ai nom Jeanne la Pucelle, Régine Pernoud, Gallimard, « Découvertes Gallimard », 1994

Jeanne d'Arc, Anne-Marie Salichon, Alan Sutton, 2006

Jeanne d'Arc, Colette Baune, Perrin, 2004

Jour après jour, la chevauchée de Jeanne d'Arc sur les bords de Loire, André Roger Voisin, CPE, 2007

ROUTE DE COMPOSTELLE

Les Chemins de Dieu ; histoire des pèlerinages chrétiens des origines à nos jours, Henry Branthomme et Jean Chélini, Hachette, 1982

Les Chemins de Saint-Jacques, Gallimard, « Encyclopédie du voyage », 2007

Saint-Jacques-de-Compostelle, mille ans de pèlerinage en Europe, Paulo Caucci van Saucken, Desclée de Brouwer, 1993

Les Pèlerins du Moyen Âge, Raymond Oursel, Fayard, 1978

Le Livre de saint Jacques ou Codex calixtinus de Compostelle, André Moisan, Honoré Champion, « Nouvelle bibliothèque du Moyen Âge », 1991

Les Chemins de Saint-Jacques-de-Compostelle, collectif, MSM, « In situ », 1999

ROUTES DES **PRINCES**

ROUTE DU SACRE

Nouvelle histoire de la France médiévale (tomes 1 et 2), Stéphane Lebecq, Le Seuil, « Points », 1990

Saint Louis, Gérard Sivéry, Tallandier, 2007

ROUTE DES CHASSES ROYALES

La Chasse sous l'Ancien Régime, Philippe Salvadori, Fayard, 1996

La Chasse royale, Charles IX, Rousset et Alliot, 1625, rééd. 1868

Mémoires d'outre-tombe, François-René de Chateaubriand, Gallimard, « Bibliothèque de la Pléiade », 1951

ROUTE DE NAPOLÉON

Le Vol de l'Aigle, Jean Thiry, Berger-Levrault, 1942

Mémoires et souvenirs du comte de Lavalette, Antoine Marie Chamans, comte de Lavalette, Fournier, 1831

La Route Napoléon de l'île d'Elbe aux Tuileries, René Reymond, La Manufacture, 1985

Les Cent-Jours ou l'esprit de sacrifice, Dominique de Villepin, Perrin, « Tempus », 2001

ROUTES DES **MARCHANDS**

ROUTE DU SEL

Les Chemins du sel, Gilbert Dunoyer de Segonzac, Gallimard, « Découverte Gallimard », 1991

Une histoire du sel, Jean-François Bergier, PUF, 1982

Le Sel et le pouvoir de l'an mil à la révolution française, Jean-Claude Hocquet, Albin Michel, 1985

ROUTE DE LA SOIE

Les Arts et métiers au Moyen Âge, Henri Ramin, Librairie de Paris, Firmin Didot (ouvrage ancien non daté)

Saint-Martial de Limoges, ambition politique et production culturelle (Xe-XIIIe siècles), ouvrage collectif sous la direction de Claude Andrault-Schmidt, Presses universitaires de Limoges, 2007

Histoire de la France urbaine (tomes 1 et 2), ouvrage collectif sous la direction de George Duby, Le Seuil, 1980

« La décoration des manuscrits à Saint-Martial de Limoges et en Limousin », thèse de Danielle Gaborit-Chopin (École des Chartes), 1969

Annales manuscrites de Limoges (1638), à consulter aux Archives de la ville de Limoges

Histoire de Saint-Martial, Carmes de Bonaventure de Saint-Amable, 1685, ouvrage d'archives

Notre très vieux Paris, Henri Ramin, Librairie de Paris, Firmin Didot (ouvrage ancien non daté)

Sur la route de Marco Polo, Michael Yamashita, Géo-Solar, 2003

ROUTE DE LA MARÉE

« La route du poisson », thèse de Lucette Fontaine-Bayer (Académie d'Amiens, Somme)

Archives du musée Boucher-de-Perthes, à Abbeville (Somme)

ROUTES DES **ARTISTES**

ROUTE DE VAN GOGH

Lettres à son frère Théo, Vincent Van Gogh, Grasset 1937

Correspondance générale, Vincent Van Gogh, Gallimard, « Biblos », 1990

La Vie passionnée de Van Gogh, Irving Stone, Seghers 1955

La Vie de Van Gogh, Henri Perruchot, Marabout 1955

ROUTE DE STEVENSON

Voyages avec un âne dans les Cévennes, Robert Louis Stevenson, 10/18, 1978

Les Cévennes, guide réf. 137, Chamina, « Balades et randonnées »,1997

Le Chemin de Stevenson, Chamina et FFRP, « Topo-Guides GR 70 », 2007

ROUTES D'**EXODES**

ROUTE DES BOUGNATS

Au fil de l'Allier ; de Brioude à Vichy, Chamina, « Balades et randonnées réf. 131 », 2002

Les Sapinières du Massif central, ouvrage collectif édité par l'Association de sauvegarde et de promotion du patrimoine du Massif central

ROUTE DES FORÇATS

La Chaîne des forçats ; 1792-1836, Sylvain Rappaport, Aubier, 2006

Mémoires d'un galérien du Roi-Soleil, de Jean Marteilhe, Mercure de France, 2006

Les Galériens, André Zysberg, Le Seuil, « Points histoire », 1987

ROUTE NATIONALE 7

En route ! La France par monts et par vaux, Florence Trystram, Gallimard, « Découverte Gallimard », 1996

La Route Paris-Côte d'Azur, Thierry Dubois, Drivers, 2003

Remerciements

Nous tenons à remercier très vivement toutes les personnes qui, au sein d'institutions de recherche, de musées, de départements culturels, d'archives et d'offices de tourisme, dans la France entière, ont mis à notre disposition leurs compétences avec une grande disponibilité pour nous apporter leur aide, qu'il s'agisse d'informations dont nous avions besoin ou de vérifications indispensables à la qualité de cet ouvrage.
Notre reconnaissance particulière à monsieur Marcel Astruc, de l'Association de sauvegarde et de promotion patrimoine du Massif central, à frère Benoît-Joseph de la basilique Sainte-Marie-Madeleine de Vézelay, à monsieur Stéphane Capot, conservateur des archives de la Ville de Limoges, à madame Marie-Véronique Clin, directrice de la Maison de Jeanne d'Arc à Orléans, et à sa collaboratrice, mademoiselle Céline Dardeau, à madame Christiane Corgié, historienne, spécialiste de la région rémoise, à madame Maryline Larcher, directrice de l'office de tourisme de Limoges, à madame Adeline Rucquoi, maître de recherche au CNRS et présidente de la Société française des amis de Saint-Jacques-de-Compostelle.

Crédits photographiques

AKG-IMAGES : 20 en haut ; 30, C. Bibollet ; 31, Bildarchiv Monheim ; 53, J.-P. Dumontier ; 54, British Library ; 58 en haut, G. Mermet ; 59, J. de Cunha ; 103, H. Champollion ; 122, J.-P. Dumontier ; 131 en haut ; 134 en haut.
ANDIA : 58-59, Jolyot/Andia.fr ; 153, Aucouturier/Andia.fr ; 182, M. Houet/Belpress/Andia.fr.
ARCHIVES MUNICIPALES DE SAUMUR : 168 en bas.
BIS : 170, Ph. Coll. Archives Bordas.
BIBLIOTHÈQUE NATIONALE DE FRANCE : 65 ; 105 ; 108 en haut ; 162.
BOISVIEUX CHRISTOPHE : 129.
BURON GILDAS : 91 en bas, Collection G. Buron.
CIRIC : 141, M. Troncy.
CIT'IMAGES : 60, E. Notarianni ; 96 en bas, A. Combier ; 175, G. Ceccaldi.
COLLECTION DAGLI ORTI : 16, Museo del Prado Madrid/Gianni Dagli Orti ; 33 en haut ; 40 à gauche ; 42 à gauche ; 70 à droite ; 77 en haut ; 110 ; 118-119.
COLORISE : 88, Diaz ; 99, Debru.
CORBIS : 32-33, Bettmann ; 55, R. Holmes ; 68-69, M. ou Me. Desjeux, B. ; 104-105, Atlantide Phototravel ; 145, P. Giraud/Goodlook ; 146 en haut, Lebrecht Music & Arts.
EYEDEA : 6-7, A. Robin/Hoa-qui ; 10-11, C. Bibollet/Top ; 12, G. Sioen/Rapho ; 15, G. Sioen/Rapho ; 16-17, C. Bibollet/Top ; 19, G. Sioen/Rapho ; 20 en bas, P. Benoist/Hoa-Qui ; 20-21, G. Sioen/Rapho ; 22, G. Sioen/Rapho ; 23, J. Sierpinski/Top ; 28-29, Y. Guichaoua/Hoa-qui ; 36, F. Thomas/Hoa-qui ; 40-41, D. et V. Reperant/Hoa-qui ; 42-43, D. Reperant/Hoa-qui ; 44 en bas, F. Le Diascorn/Rapho ; 50, Jarry-Tripelon/Top ; 56, F. Thomas/Hoa-qui ; 62, P. Escudero/Hoa-qui ; 66, Dupont/Delorme/Jacana ; 70 à gauche, F. Rankin/Age Fotostock/Hoa-qui ; 72, T. Dupaigne/Grandeur Nature/Hoa-qui ; 80, B. Pérousse/Hoa-qui ; 81, B. Pérousse/Hoa-qui ; 83, J.-P. Lescourret/ Explorer ; 84, P. Escudero/Hoa-qui ; 85, D. Scott/Age Fotostock/Hoa-qui ; 91 en haut, C. Bibollet/Top ; 92, G. Sioen/Rapho ; 92-93, G. Sioen/Rapho ; 94, G. Sioen/Rapho ; 100, J.-P. Lescourret/Explorer ; 107, J. Damase/Explorer/Hoa-qui ; 110-111, Tripelon-Jarry/Top ; 112, Y. Tierny/Explorer/Hoa-qui ; 119, Grive Lou/Grandeur Nature ; 120-121, D. Grouard/Explorer/Hoa-qui ; 124-125, R. Fasseur/C. Domens/Hoa-qui ; 136, J.-P. Deya/Hoa-qui ; 137 à gauche, S. Grandadam/Hoa-qui ; 138, Y. Guichaoua/Hoa-qui ; 144, D. Sarlin/Grandeur Nature/Hoa-qui ; 144, D. Sarlin/Grandeur Nature/Hoa-qui ; 146-147, D. Noton/NPL/Jacana ; 148-149, L. Girard/Explorer/Hoa-qui ; 156, M. Troncy/Hoa-qui ; 172-173, S. Grandadam/Hoa-qui ; 187, A. Philippon/Explorer/Hoa-qui ; 188, C. Henriette/Hoa-qui.
FEDEPHOTO : 39 en bas, T. Ribolowski.
FIGAROPHOTO.COM : 108 en bas, J.-M. Voge.
FRANCEDIAS.COM :24, Y. Noto ; 27 en bas, M. Paygnard ; 155 en haut, R. Rosenthal.
GETTY : 2-3, C. Guy ; 71, DEA Picture Library ; 130 en haut, Vincent Van Gogh ; 134 en bas, Vincent Van Gogh ; 137 à droite, Vincent Van Gogh.
HEMIS.FR : 35, P. Roy ; 48-49, B. Gardel ; 73, B. Rieger ; 74, F. Guiziou ; 77 en bas, C. Moirenc ; 79, F. Guiziou ; 86-87, F. Guiziou ; 95, C. Moirenc ; 115 en haut, P. Renault ; 126, F. Guiziou.
KEYSTONE : 61, ADPC/Keystone-France.
KHARBINE-TAPABOR : 34, Coll. J. Vigne ; 97 en bas, Collection Kharbine-Tapabor ; 174, Collection Kharbine-Tapabor.
MAISON PIC : 182-183, crédit réservé.
MUSÉE DE LA VILLE D'ABBEVILLE : 116-117.
PHOTONONSTOP : 18, N. Thibaut ; 46, B. Merz/Look ; 66-67, Sime ; 78, C. Moirenc ; 131 en bas, J. Richter/Look ; 133 en bas, G. Bouchet-Cardinale ; 135, D. Bergounhoux ; 150-151, C. Moirenc ; 171, Simeone ; 179, Sime ; 183 à droite, G. Bouchet-Cardinale ; 185 en haut, A. Le Bot.
PHOTOS 12 : 184 en bas.
PICARD SERGE : 27 en haut.
PxP-GALLERY : 44 en haut, J.-D. Sudres ; 163, F. Bichon ; 169, J.-D. Sudres.
RIGOULET GILLES : 47.
RMN : 33 au milieu, Agence Bulloz ; 33 en bas, Agence Bulloz ; 106, Agence Bulloz ; 109, Metropolitan Museum of Art, Dist. RMN/Image of the Metropolitan Museum of Art ; 115 en bas, F. Vizzavona/reproduction RMN ; p.172, D. Arnaudet/G. Blot ;
ROGER-VIOLLET : 123, A. Harlingue ; 155 en bas, J. Boyer ; 158 ; 160 en haut, J. Boyer ; 160 en bas, Lapi ; 161, Lapi ; 176 ; 180-181 ; 184 en haut ; 185 en bas ; 186 en bas.
RUE DES ARCHIVES : 28, M. Evans ; 82, Tal. ; 98 à gauche, The Granger Collection NYC ; 134 au milieu, The Granger Collection NYC ; 168 en haut, Tal.
SAGAPHOTO.COM : 116, P. Forget.
SCOPE : 57, J. Guillard ; 156-157, J. Guillard ; 159, J. Guillard ; 167, A. Guerrier.
SIGNATURES : 130 en bas, R. Helle ; 180, P. Bard ; 186 en haut, P. Bard.
SUNSET : 132 en bas, F. Defoort ; 142-143, Marge.
THE BRIDGEMAN ART LIBRARY : 43 à droite, Musée Condé, Chantilly, France, Lauros/Giraudon ; 128, Rijksmuseum Kroller-Muller, Otterlo, Netherlands ; 132 en haut, Private Collection/Christie's images ; 133 en haut, Rijksmuseum Kroller-Muller, Otterlo, Netherlands/Giraudon ; 142, Private Collection/K. Welsh ; 146 en bas, Bibliothèque de l'histoire du protestantisme, Paris, France, Archives Charmet.
URBA IMAGES : 39 en haut, S. Sautereau/Urba Images Server ; 44-45, D. Schneider/Urba Images Server ; 98-99, P. Quignard/Air Images Server ; 164, A. Jarocinski/Urba Images Server.
WALLIS ; 96-97, C. Moirenc/wallis.fr.

Crédits photographiques de la couverture
Plat 1 : en haut : P. Roy/Hoa-qui/Eyedea ; en bas de gauche à droite : G. Sioen/Rapho/Eyedea ; F. Le Diascorn/Rapho/Eyedea ; J. Guillard/Scope ; B. Pérousse/Hoa-qui/Eyedea ; A. Le Bot/Photononstop ; J. Richter/Look/Photononstop ; D. Grouard/Explorer/Hoa-qui/Eyedea.
Plat 4 : en haut : D. Bergounhoux/Photononstop ; D. Noton/NPL/Jacana/Eyedea ; en bas de gauche à droite : S. Picard ; M. ou Me. Desjeux B./Corbis ; G. Ceccaldi/Cit'Images ; M. Troncy/Ciric ; C. Moirenc/hemis.fr ; J.-P. Dumontier /akg-images ; P. Forget/Sagaphoto.com ; Atlantide Phototravel/Corbis.

Éditions Solar

Direction : Jean-Louis Hocq
Direction littéraire : Suyapa Granda Bonilla
Conception graphique et réalisation : Guylaine Moi
Édition : Chloé Chauveau
Secrétaire d'édition : Marion Guillemet-Bigeard
Iconographie : Guylaine Moi
Cartographie : Léonie Schlosser

Fabrication : Laurence Ledru
Photogravure : Articrom, Italie

Si vous souhaitez recevoir notre catalogue
et être tenu au courant de nos publications,
envoyez-nous vos nom et adresse en citant ce livre
et en précisant les domaines qui vous intéressent.

SOLAR - 12, avenue d'Italie, 75013 Paris
Site Internet : www.solar.tm.fr

Éditions GEO

Direction éditoriale : Jean-Luc Marty
Direction du développement : Dominique Fleurmont et Pierre-Olivier Bonfillon

Si vous souhaitez recevoir le catalogue des éditions
GEO, envoyez votre demande à l'adresse suivante :
Éditions GEO – 62067 Arras Cedex 9
Site Internet : www.geomagazine.fr

ISBN : 978-2-263-03446-6
Code éditeur : S03446
1re édition

Dépôt légal : octobre 2008
Imprimé et relié en France par Pollina - L46899